LA CHRONIQUE SCANDALEUSE

OU

MÉMOIRES *pour servir à l'histoire de la génération présente.*

Ridebis & licet rideas.

Nouvelle Edition, considérablement augmentée & renfermant les anecdotes les plus piquantes que l'histoire secrete des sociétés a offertes jusqu'au 1er Janvier 1785.

TOME SECOND.

à PARIS,

Dans un coin d'où l'on voit tout.

1786.

LA
CHRONIQUE SCANDALEUSE.

L'abbé P..... alloit à la terre d'un de ses amis dans le Limousin. A l'entrée d'une forêt, il s'entend saluer par un Cavalier qui galoppoit derriere lui, d'un *Bonjour, mon Confrere !* il se retourne & voit un jeune ecclésiastique élégamment monté, avec lequel il voyage de la maniere la plus agréable jusqu'à la nuit. Celui-ci joignoit au ton le plus aimable de la société, des connoissances superficielles, mais inépuisables dans tous les genres. Il se donnoit pour un séminariste de L.... & soudiacre. Arrivés à une auberge, les deux voyageurs déjà intimes conviennent de faire table & lit communs. Vers la fin du souper le prétendu séminariste se met à réciter des vers de la *Pucelle....* *Mon Confrere*, lui dit le bon & chaste Abbé P....., *tous les Abbés du* Limousin *ont-ils l'humeur aussi gaillarde que vous ? Vous me paroissez fort gai, pour ne rien dire de pis !*..... Le soi-disant abbé se leve en fureur à cette apostrophe. *Parle donc, J. F.*, s'écrie-t-il, *crois tu donc que je suis comme toi, un B. d'Abbé?* A l'inſtant ſes deux mains entr'ouvrent une petite veſte & laiſſent entrevoir les marques les plus ſéduiſantes d'un ſexe que ſon compagnon n'avoit eu garde de ſoupçonner. L'abbé P..... proteſte qu'il ne s'aſſure que par ſes yeux de la vérité de cette découverte. Il eſt admirable lorſqu'il raconte avec ingénuité qu'il prit la main de la belle, qu'elle ſe mit à pleurer, confuſe, émue par la violence de ſon étourderie, & qu'il ſeroit devenu ſans doute victime de ſes enchantemens, s'il n'avoit pris le parti de deſcendre pour demander une chambre particuliere & de partir non ſans des regrets & des combats infinis, avant le réveil de la belle inconnue. Au reſte voici ce que c'étoit.

Mlle. de B...., c'eſt le nom de fille de l'abbé prétendu, eſt née en 1758 à A..: elle fut douée par la nature, de tous les talens qu'une éducation diſtinguée a développés dans la ſuite. Pour la vertu qui donne du luſtre aux autres vertus des femmes, elle avoue qu'elle l'a connue de nom ſans y croire. De jeunes Berrichons ſéduits par ſa mine voluptueuſe ſe chargerent d'être ſes maîtres : l'écoliere leur fit honneur, car après avoir dévoré tous les romans qu'ils lui prêterent, elle ſe fit enlever & conduire à *Paris*, pour donner matiere au sien. La capitale perfectionna ces belles dispositions : elle fut successivement Comtesse, Marquise, Baronne, &c. Enfin ayant fait une infidélité d'éclat à un Seigneur qui fournissoit à ses dépenses, tout s'éclipsa. La Princesse fut obligée pour conserver ce nom de monter sur les planches. Malheureusement avec beaucoup de talent pour la coulisse, la débutante n'en avoit pas de merveilleux pour la scene. Poursuivie par les sifflets de *Paris*, elle entra dans une troupe de Province où sa jolie figure & la beauté de son organe la firent applaudir : bientôt elle devint l'héroïne d'un grand nombre d'aventures : elle fit force duppes, elle le fut quelquefois. Dégoutée du théâtre, Mlle. B.... se mit aux gages de Plutus, & eut le front de revenir enfin dans sa propre patrie. Une réforme apparente, de la figure & de l'esprit enforcelerent M. D...... employé à l'hôtel de la monnoie de .... & il fut assez bête pour l'épouser.

Les eaux reprirent bientôt leur cours, & l'hymen n'arrêta point l'amour. Mad. Du.... fit un tel éclat par ses folies, qu'il fut facile au mari d'obtenir l'ordre de la faire renfermer. L'infidelle s'en douta & prit la fuite ; le sot la poursuivit à la tête d'une brigade; elle fut bientôt arrêtée. Alors fans fe déconcerter, la Comédienne joua fon rôle à merveille, marqua le plus fincere repentir, fe mit aux genoux de l'imbécille, & fut tellement toucher fon cœur qu'il la ferra tendrement dans fes bras en préfence des capturans. C'étoit où l'attendoit fa femme. Pour fignaler, dit-elle, mon retour à la vertu, je veux ici, ici-même, donner une fête; je me charge d'en payer les frais. Le plus fuperbe fouper fut ordonné; le vin adroitement prodigué par fes mains fit fon effet ordinaire. Le mari, les archers, l'hôte & l'hôteffe, tout jufqu'à la fervante du cabaret dormit du fommeil le plus profond. Habile à profiter du moment, la pénitente s'échappe, monte fur un des chevaux de la brigade, fait vingt lieues, dépofe des habits qui pouvoient la trahir; les titres de Princeffe, d'époufe, difparoiffent; il ne lui refte plus que celui de bergere.

Il eft de fait qu'elle a gardé pendant fix femaines les moutons d'un laboureur Limoufin, qu'habile à prendre toutes les formes, & à s'accommoder à toutes les fituations, elle enchanta ces bons villageois: fes blanches mains pêtriffoient leur pain groffier, elle apprenoit à lire à leurs enfans, & charmoit toutes les *Veillées* par des contes plaisans qu'elle accommodoit à leur portée.

Cependant M. Du... son mari, peu riche, fit, dit-on, un faux dans son emploi; peu habile, il fut découvert; peu protégé, il fut condamné suivant toute la rigueur de la loi. Transféré à *Paris* pour y entendre prononcer son arrêt définitif, il alloit être pendu en personne. La charitable femme ne fut pas la derniere à recevoir cette nouvelle; elle eût regretté que son époux rendît le dernier soupir sans assister à ce spectacle. Elle vole à *Paris*, & c'est de là qu'elle revenoit lorsque l'Abbé P... en fut salué d'un *Bonjour, mon Confrere*. On prétend qu'elle disoit, *qu'en prenant l'habit ecclésiastique, c'étoit pour obtenir l'honneur de confesser son pauvre patient de mari*. Maintenant elle vit A..... avec M*** tous les deux la honte d'un sexe, le scandale de l'autre & le sujet éternel de toutes les conversations de la ville.

Les neiges dont la *France* a été couverte dans les mois de janvier & février 1784, ont occasionné d'affreux accidens. On a trouvé trois hommes morts depuis *Paris* jusqu'au *Bourg-la-reine*.

Un homme menoit des pourceaux; il

tomba dans un trou, le troupeau qu'il conduisoit fondit sur lui & le dévora.

Un Courier perdit son cheval; il se rendit à la poste pour en demander un autre; il ne fut pas un quart-d'heure dans le voyage, des loups avoient mangé l'animal qu'il venoit de laisser expirant.

Ces histoires échaufferent la vieille Marquise de****; elle alla gronder notre bon archevêque de *Paris*, & nous dit à son retour : *Quel moment pour faire sortir la châsse de Sainte Généviève! — que veut-on de plus ? le temps est favorable; la pompe des processions ne seroit pas dérangée par les voitures, & les serviteurs de Dieu ne se brûleroient pas les pieds. — Comme tout dégénere, bon Dieu ! faut-il s'étonner que le Ciel nous traite comme des renégats !*

Les comédiens François avoient choisi la tragédie de *Coriolan* pour la représentation qu'ils ont donnée au profit des pauvres à la fin du rigoureux hiver de 1783. Les amis de M. *de la Harpe* afficherent ce quatrain à la porte du spectacle.

> Pour les pauvres, la Comédie
> Donne une pauvre tragédie :
> C'est bien le cas en vérité
> De l'applaudir par charité.

L'occasion de la querelle qui subsiste entre M. *de la Harpe* & les Comédiens est peu connue ; la voici : Il est d'usage que pendant la derniere semaine du carême & pendant celle de la rentrée, les auteurs des pieces nouvelles ne jouissent pas de leur part d'auteur. M. *de la Harpe* informé de cet usage exigea que l'on jouât son *Coriolan* dans ces deux semaines très-lucratives, déclarant qu'il se conformeroit, quant a ses intérêts, aux loix & réglemens. Ensuite l'usage en question ne se trouvant appuyé sur aucune loi bien précise, il demanda sa rétribution aux Comédiens, & les menaça de les faire assigner. Plutôt que de plaider, ils payerent, mais ils arrêterent entr'eux de ne plus jouer les pieces de M. *de la Harpe*.

Les heureux Genevois ne sentent pas encore leur bonheur. Les auteurs de la derniere révolution & ceux qui l'ont aidée sont toujours détestés. Le nommé *Isaac Cornuaud*, distingué entre ces derniers, vient de subir un châtiment qui, pour attester l'impuissance du parti qui l'a infligé, n'a pas dû lui être moins sensible que s'il eût été prononcé par les organes des loix. Il est bon de le publier pour l'instruction des *Cornuauds* présens & à venir.

La peine de mort venoit d'être prononcée contre des voleurs, & en conséquence on avoit dressé une potence, la veille du jour de l'exécution, dans une place où se font ces judicieuses corrections. Le lendemain on y trouva bien & duement attaché le portrait d'*Isaac Cornuaud*, ayant entre ses mains les présens corrupteurs, prix de sa conduite, avec ces mots : *Isaac Cornuaud traître à sa patrie* ; le tout peint, comme on voit, de main de maître.

Le Sanhedrin Genevois, averti de l'usage économique qu'on avoit fait de sa potence, ordonna aussi-tôt à ses huissiers, d'aller dépendre le portrait d'*Isaac Cornuaud*. Les huissiers de *Geneve* sont gens d'honneur ; ils assistent bien à l'exécution d'un pendu, mais ils n'auroient garde de toucher la potence, fallût-il en ôter un innocent. Ils ont refusé avec fermeté d'obéir ; il ne s'est trouvé que le bourreau pour dépendre l'effigie *Cornuaud*, & la porter à l'hôtel-de-ville aux pieds de ses maîtres actuels. Une foule de gens de tout état, étoit accourue pour juger des talens du peintre, & comme le chemin depuis le lieu où se font les exécutions jusqu'à l'hôtel-de-ville, est fort long, les *Mouches du Gouvernement* (qui en est richement fourni) ont eu le loisir d'examiner l'effet de cette vengeance sur l'esprit de ses nombreux témoins. On croit que dorénavant les potences ne seront pas ainsi laissées à la discrétion des mécontens.

On raconte un acte remarquable de justice & de sévérité du grand *Joseph*. — Ce monarque faisoit distribuer du bled dans la Boheme, où il étoit monté à un haut prix. Beaucoup de voitures qui en étoient chargées attendoient devant la porte du Baillif; les paysans se plaignoient d'attendre, & l'Empereur qui vint à passer entendit leurs plaintes. Il leur en demanda la raison. — Il y a long-temps que nous attendons, & nous avons huit lieues à faire pour retourner. — Non-seulement ils disent vrai, ajouta le clerc du Baillif, mais les habitans souffrent du retard de la distribution. L'Empereur étoit en petit uniforme & le Baillif en grande compagnie; il entre & se fait annoncer par le clerc. *Qui êtes-vous ? — Lieutenant au service de S. M. I. — Qu'y a-t-il pour votre service ? — Que vous expédiez ces pauvres gens qui attendent depuis bien du temps... — Qu'ils attendent encore ! — Mais ils ont tant de chemin à faire & ils ont déjà tant attendu... — Quel intérêt avez-vous à les renvoyer ? — Celui de bien faire*

A 6

& d'être humain. --- J'en ai un à vous dire que le votre est de trop & que je fais mes affaires. --- Et moi un très-grand à vous déclarer que ces bleds ne vous regardent plus. *Mon ami*, ajouta le Monarque en s'adressant au clerc qui l'avoit annoncé, *expédiez ces bonnes gens; vous êtes Baillif:* & vous, dit-il au Baillif qu'il cassoit, *reconnoissez votre maître*. Il se fit reconnoître & disparut.

On écrit de Londres qu'il y est arrivé un françois pour présenter un défi à un célebre perruquier du *Strand*, nommé *Sewel*. Il s'agissoit d'arranger en huit minutes la frifure complette d'un homme du bon ton. *Sewel* ayant accepté le *gand d'honneur*, les parties avec leurs amis se sont rendues dans une maison de *Piccadilly:* la gageure étoit de 100 guinées. Le fort étant tombé à *Sewel* pour opérer le premier, en fix minutes la besogne a été achevée. Son concurrent attéré de tant de diligence s'exécuta de bonne grace, s'avoua vaincu & délivra la somme du pari.

On dit a M. D*** veuf depuis deux mois : il y a dans le *Dauphiné* une demoiselle de 20 ans, belle comme *Venus*, pauvre comme *Job*. Il part & va la demander en mariage. Sa mere à qui il s'adresse se met à pleurer. Je sens, lui dit-il, que cette séparation vous coûtera ; mais si vous vouliez nous l'éviterions ; elle ne répond rien. Il va trouver la fille & lui fait part de sa proposition. Elle refuse avec beaucoup d'égards. Il insiste, elle balance ; il presse, elle avoue qu'elle a une inclination. Tant mieux, dit-il, vous serez heureuse par votre amant, si vous ne l'êtes avec moi. Enchantée elle ne peut se décider à tromper un si galant homme. Elle confesse qu'elle est grosse. Tant mieux encore, s'écrie-t-il, je vous rendrai l'honneur. Confondue, elle refuse tout en disant que jamais elle ne pourra vivre sans son amant. Qu'appellez-vous vivre sans lui ? Je compte bien qu'il viendra avec nous & qu'il fera nos enfans. Elle lui demande la raison de ce procédé extravagant. Je veux une femme, lui dit-il. Je suis dans l'heureuse impuissance de vous être infidele. Je n'existe que par mon cœur ; je vous défie de me refuser le vôtre..... Il avoit raison ; elle devint sa femme, fit son bonheur, renonça d'elle-même à son amant, & vécut pour l'amitié & pour son fils.

Le Comte de *Milly*, de l'académie des sciences, Chymiste célebre, est mort à

Chaillot, le 25 Septembre 1784. C'étoit un homme de beaucoup d'esprit, très-savant, mais d'un caractere indéfinissable. Pyrrhonien dans toute la force du terme, il croyoit cependant à la médecine universelle, & s'occupoit depuis long-temps de cette recherche. Il avoit servi en *Allemagne* & s'étoit battu plusieurs fois avec des Officiers Hongrois au sujet de l'absurde croyance des Vampires; mais il ne révoquoit en doute aucune des prétendues merveilles attribuées à plusieurs fameux adeptes comme le Comte de *Cagliostro* & le Comte de *S. Germain*, avec lesquels il étoit en relation. A la mort de ce dernier, il ne désespéroit pas de le voir ressusciter; il assuroit d'un grand sérieux qu'il avoit assisté à son enterrement, il y avoit une trentaine d'années. Lui-même n'étoit pas trop convaincu qu'il devoit mourir, ou du moins il croyoit pouvoir vivre encore un siecle ou deux.

Madame *Adelaïde* vient de donner une nouvelle preuve de ce caractere de bonté qui est propre à l'auguste famille à laquelle la *France* doit son bonheur. Cette princesse se trouvant, avec Mad. *Victoire*, à la terre de la Duchesse de *Narbonne* sa Dame d'honneur, elle parut desirer de voir danfer les payfannes du canton. Les ordres ayant été donnnées, l'alégreffe brilla bientôt de toutes parts; les villageoifes poudrées & enrubannées fe raffemblerent avec les jeunes gens au lieu défigné pour le bal champêtre. Mais on avoit oublié l'effentiel. Au moment d'ouvrir la danfe, il ne fe trouve pas un feul ménêtrier. Ce contre-temps défoloit la Duchefse de *Narbonne*, lorfque Madame *Adelaïde* dit en riant: *Qu'on me donne un violon, j'en ai joué autrefois & je m'en fouviendrai peut-être affez pour faire danfer ces bonnes filles.* On apporte l'inftrument; la Princeffe fe met à jouer des contredanfes & même affez long-temps. On peut juger de la furprife, de l'admiration & de l'attendriffement des fpectateurs. Il eft rare de voir une grande Princeffe, la fille & la tante d'un Roi, faire danfer des payfans.

La Gourmandife avoit fait de la vieille Maréchale de*** une très-favante géographe. Il n'y avoit pas fur le globe une ville, un bourg, un village dont le territoire produisît quelque chofe de recherché en mangeaille ou en boiffon, dont elle ne fût en état de déterminer la pofition topographique, la longitude & la latitude. Elle faisoit travailler sur ses mémoires à un Atlas du Gourmand; mais la mort la surprit avant que cet important ouvrage fût terminé.

Toutes les feuilles publiques ont parlé du demi-succès du fameux Ballon aërostatique de Lyon. Les lauriers des aëronautes, furent accompagnés de l'épigramme suivante :

Vous venez de Lyon, parlez-nous sans mystere;
Le globe..? -- Il est parti. -- Le fait est-il certain ?
-- Je l'ai vu. --- Dites-nous, a-t-il été bon train?
-- Messieurs! il alloit ventre-à-terre.

On avoit fait celle-ci sur M. Blanchard après son expérience du *champ de mars.*

Au champ d'honneur il s'éleva,
Au champ voisin il s'abaissa;
Chargés d'écus il resta-là :
Sic situr ad astra.

Un homme assez mal dans ses affaires, escroc & parasite par état & qui en conséquence aimoit à faire bonne chere, avoit trouvé un singulier expédient pour se procurer un repas de noce presque tous les jours de sa vie. Assez proprement vêtu il fréquentoit tous les matins la paroisse la plus nombreuse de la ville, & quand il voyoit une noce dont la suite étoit un peu considérable, il s'y glissoit. La cérémonie de l'église faite il y a nécessairement un grand repas. Les parens & les amis parmi lesquels il se trouvoit le voyoient alors pour la premiere fois. Les parens du mari qui l'avoient vu dans l'église, le croyoient un des alliés de la femme, & les parens de la femme, le croyoient de la famille du mari. Profitant de cette heureuse erreur il n'étoit pas timide, & distribuant de côté & d'autres des complimens, il mettoit dans son rôle un grand usage du monde.

Ce manege duroit depuis quatre ou cinq ans, quand un convive qui l'avoit rencontré à trois différens repas dans l'espace de huit jours, fut curieux de lui demander s'il étoit ami ou parent & de quel côté ? du côté de la porte, répondit-il, en se levant, laissant sa serviette & s'échappant avec précipitation. Par bonheur on étoit au dessert.

Un de ces roués du second ordre, dont *Paris* abonde, étoit le *bon ami* d'une cantatrice très-fêtée. Dans un moment de besoin, elle le charge de lui procurer 500 louis, sur une paire de girandoles de brillans qu'elle lui remet. Le Chevalier accepte la commission & n'en reparle plus. On est inquiet pendant quelques jours, on lui en demande des nouvelles ; il répond qu'*on verra cela*, qu'*il y songe*. Cependant un Conseiller au parlement qui vivoit en titre avec la Dame, l'invite à un concert qui se donnoit chez lui & est fort étonné de la voir arriver sans diamans. D'abord on élude ses questions, enfin on lui dit le fin mot. Le Conseiller vole chez le magistrat dont cette affaire regardoit le département. Le Chevalier est mandé, on lui donne deux heures pour arranger l'affaire ; il reparoit avec un jouaillier porteur des diamans & qui offre de les remettre, pourvu qu'on lui rende 6000 liv. qu'il a avancés sur ce nantissement. Il s'en falloit de la moitié que le Chevalier eût la somme. Il a été prononcé que le *mont de piété* ayant le privilege exclussif de prêter sur gages, le Jouaillier seroit obligé de se remplir de la moitié qui manquoit, en billets signés du jeune dégourdi qui ne les payera peut-être jamais, & que les diamans seroient rendus à la propriétaire.

On demandoit à Mad. *de Murville* quel âge avoit sa mere (Mlle. Arnoult.) *Je n'en sais plus rien*, répondit-elle ; *chaque année ma mere se croit rajeunie d'un an ; si cela continue, je serai bientôt son ainée.*

Un jeune Officier aux gardes débutant dans le monde, étant devenu fou de la Dlle. *Granville*, riche & fameuse courtisanne, s'est avisé d'un moyen assez singulier pour entrer gratis dans les bonnes graces de cette Belle. Sachant assez bien l'anglois pour ne pas demeurer court, il a loué une des plus élégantes voitures, & sous le nom de Milord *Drackes*, il a suivi la nymphe à l'opéra. A la sortie du spectacle il s'est fort empressé autour d'elle en demandant sa voiture, & ayant obtenu la permission de lui faire sa cour, il est monté devant elle dans un équipage fort élégant. La syrenne ou la harpie, si l'on veut, car elle est toutes les deux, ne douta point du tout de la qualité du personnage qui jouoit parfaitement son rôle. Milord se présente le lendemain matin: frac à l'angloise, coëffé en Jockey, botté & un petit fouet à la main. Sous l'espoir donné par les apparences, il est admis & heureux. Il étoit question de souper le même soir ensemble & de prolonger dans une ivresse de six mois de séjour à Paris, une liaison que la *Dame* qualifioit du plus grand bonheur de sa vie. Il l'invite donc à un souper brillant qu'il donne à des compatriotes à son hôtel rue du colombier, où il loge, & part. Les Dames de ce genre aiment à la folie les soupers d'étrangers (c'est le mot technique) parce qu'elles savent qu'on y peut faire d'une pierre deux coups, c'est-à-dire, si l'on rate celui-ci, s'accrocher à celui-là, & prendre à toutes mains. La voilà grosse du souper dont elle ne cesse de parler toute la journée, & rien ne manque ni à sa parure ni à son élégance. L'heure sonne, elle demande la voiture, part & arrive. Mais quel surprise! point de Milord *Drackes* à l'hôtel (garni:) personne de ce nom n'y a jamais logé; point de souper commandé; personne d'attendu. Elle voit bien qu'elle est la dupe de Mylord. On ajoute à l'histoire qu'ayant trouvé le tour excellent & l'acteur fort aimable, comme expert en *rouerie* qu'elle aime beucoup, elle a été elle-même à sa recherche, & que depuis qu'elle a découvert dans Mylord *Drackes*, un fort joli Officier aux gardes, peu riche à la vérité, mais ayant de l'esprit comme un ange, elle l'a pris pour amant en second avec celui qui causa, il y a quelques années, sa rupture avec M. de J....., & sa retraite à St. *Pelagie*, pour les billets au porteur qu'elle lui avoit extorqués, & qu'elle n'a jamais voulu lui rendre.

On a lancé à Donawerth, un aëroſtat auquel étoit attachée une poupée en bois, qui a donné lieu à une plaiſante réclamation de la part du magiſtrat du lieu où le ballon alla tomber. Sur le rapport de quelques payſans, qu'un enfant embarqué ſur le globe volant, étoit retombé roide mort avec la voiture aërienne, le Sénéchal ſe hâta de ſe tranſporter ſur les lieux & réclama le défunt comme étant mort ſur ſon territoire, proteſtant contre tout ce qu'on pourroit faire contre ſes droits, & ne voulant entendre à aucune raiſon. Après avoir long-temps bataillé, & avoir expliqué fort au long la coutume & l'uſage, il voulut procéder à l'ouverture du cadavre : enfin il vit clairement ſur le rapport des experts & ſur-tout de ſes propres mains, qu'il avoit verbaliſé ſur une piece de bois.

Dans l'été de 1784, un incendie affreux réduiſit en cendres une grande partie des bâtimens du *Port-au-Prince*, iſle S. Domingue. M. *Roberjos de Laſtigues*, tréſorier, avoit, peu de temps avant ce jour funeſte, vendu un Magazin à M. Giraud, ſon ami, pour la ſomme de 180,000 livres, dont le tiers avoit été payé comptant. Le vendeur & l'acquéreur étoient l'un & l'autre ſpectateurs de l'incendie.

Celui-ci voyant combien les progrès en étoient rapides, se plaignoit amérement, en disant qu'il étoit ruiné. « Consolez-vous, lui dit M. de *Lastigues*, vous êtes pere de famille, & je suis votre ami : en vous vendant mon Magazin, je vous ai laissé le maître des conditions, & avec raison vous avez cru faire une bonne affaire. Voici un évenement auquel nous ne nous attendions ni l'un ni l'autre, & qui dérangeroit beaucoup votre fortune ; mais je ne me consolerois jamais d'avoir été l'instrument de la ruine d'un pere de famille mon ami. Si le Magazin est préservé, le marché tiendra, & il sera d'autant meilleur pour vous ; s'il est incendié la vente sera nulle. » Un moment après le feu s'y porta & le détruisit entiérement. Le lendemain matin, M. *de Lastigue* envoya à son ami les 60,000 livres qu'il avoit reçues à compte, & le contrat d'acquisition mis en pieces.

L'insurrection de quelques paysans transylvains & des valaques établis dans cette partie de la Hongrie, sur la fin de la même année, a eu des suites affreuses. Ces malheureux aigris par l'oppression qu'exerçoient contre eux les seigneurs terriers, se sont portés aux excès les plus atroces.

Ces excès ont dégénéré dans la sédition la plus criminelle & il n'est point de forfaits auxquels ces mécontentemens n'ayent servi de prétexte. Les Rebelles commandés d'abord par un Comte de *Salins*, & ensuite par un paysan nommé *Horiack*, ont fait éprouver toutes les horreurs de la scélératesse & d'une rage infernale aux propriétaires des terres, qui tomboient entre leurs mains, à leurs femmes, à leurs enfans. Ils ont fait rôtir un gentilhomme à la broche, après l'avoir lardé. Ils en ont attaché un autre tout nud à un vieux sapin, & ont mis le feu au haut de l'arbre, de maniere que la résine tombant goutte-à-goutte & toute brûlante sur ce malheureux, il est mort dans les plus affreuses douleurs. Les troupes impériales envoyées à la poursuite de ces brigands, les ont battus dans toutes les occasions; ils fuyoient dans les montagnes, se cachoient dans des bois inaccessibles, & faisoient peu après en d'autres provinces, des irruptions désastreuses. Les supplices, & les offres de pardon n'ont pendant long-temps pu les faire rentrer dans le devoir. Un de leurs chefs dit un jour dans une entrevue avec un officier de l'Empereur, qu'ils ne mettroient les armes bas, & ne cesseroient de s'en servir comme ils le faisoient, que lorsqu'ils feroient égaux aux nobles, & que les biens possédés par ceux-ci feroient partagés avec plus d'égalité entre les sujets d'un seul souverain. » Sans cela, ajouta-t-il, nous sommes invariablement résolus à ériger un nouveau royaume. » On auroit dit qu'ils s'occupoient de l'exécution de ce projet : car *Horyack* se qualifioit de Roi de la *Dacie*.

M. *Pitt* a substitué à l'impôt additionel sur le thé, une nouvelle taxe sur les fenêtres, qui a fait beaucoup murmurer dans toute l'Angleterre. On a dit *qu'étant entré dans l'administration par l'escalier dérobé, il pourroit bien être renvoyé par la fenêtre.*

La célebre Courtisanne *Longeau* a passé des B....... (*Boudoirs*, si vous voulez) de *Paris*, sur le théâtre de *Bordeaux*, où une taille majestueuse, une figure imposante, un organe vigoureux & quelques complaisances pour les oracles du parterre, lui ont procuré des succès. Un officier qui desiroit faire l'épreuve des qualités que la renommée accorde à cette belle, lui demanda une nuit, par un billet fort laconique où il lui proposoit *cinq louis & cinq baisers. Longeau*, dit-on, lui renvoya

SCANDALEUSE. 25

voya fon *billet doux*, avec cette apoftille : *Tout double ou rien*. L'officier que nous nommerons *D'armance* promet, donne fa parole d'honneur & couche :

D'*armance* étoit gafcon, les gens de fon pays
   Ont la réflexion très-prefte.
   Pour ne point demeurer en refte,
En écus bien fonnans il change dix louis,
Sur un *Aliboron* d'une encolure forte,
   Et le fait conduire à la porte
   De la gracieufe Laïs.
   Un Billet doux, mais un peu lefte
Accompagnoit encore le robufte étalon ;
La Belle l'ouvre & lit.... *Beauté célefte,*
Voici les dix louis ; fi vous le trouvez bon
Le Porteur eft en bas, qui vous dira le refte.

La reconnoiffance publique s'eft manifeftée d'une maniere bien touchante, au milieu des rigueurs de l'hiver affreux de 1783 à 1784, envers le monarque bienfaifant qui a donné le premier exemple des fecours auxquels une infinité de malheureux prêts à périr de faim & de froid, ont dû la vie. Le monument qu'ils ont élevé, tout périffable qu'il étoit, paffera plus fûrement à la poftérité que ceux de marbre & de bronze. C'étoit une pyramide & cette pyramide étoit de neige, mais que d'hommages elle a reçu chaque jour ! on y a mis d'abord une infcription,

Tome II.   B

& insensiblement on en a posé de haut en bas, ce qui prouve combien un Roi bon rend les citoyens éloquens. Certes si j'étois Roi, ce concours libre & public me sembleroit bien préférable à tous ces résultats académiques que l'adulation, la bassesse & la mauvaise foi dictent presque toujours. De toutes ces inscriptions, celle-ci m'a frappé le plus :

Le cœur admire & le cœur est content.

Tout est singerie parmi nous & la plus belle tragédie est impitoyablement, impudemment travestie le lendemain. Le monument dont je viens de vous parler a produit à-peu-près le même effet. On a vu qu'avec un tas de neige figuré de telle maniere on pouvoit attirer & arrêter tout Paris ; vîte un de nos *Calots* s'est mis martel en tête, & après avoir retroussé ses manches, invoqué son génie, il a formé son Bloc & créé *Malbouroug*, sa cuirasse, ses cuissarts & son grand sabre. Le bruit s'en est bientôt répandu & la foule s'y est portée, mais notre artiste de neige a bientôt trouvé moyen d'éclaircir ce trop nombreux concours, en imposant une taxte à la curiosité des spectateurs, & le suisse avoit pour consigne, *Point d'argent, point de Malbouroug.*

Ce n'est pas tout, & les nouveautés de ce genre ont bientôt été assez nombreuses pour former une galerie fort convenable aux méditations sur la fragilité des choses de ce bas monde : je ne puis omettre de vous parler de la jolie *Demoiselle-blanche* qui se voyoit au *Marais*, avec cette inscription : *Fille à marier avant le dégel.* Que de milliers d'honnêtes gens voudroient n'avoir formé que des nœuds aussi faciles à dissoudre ! Que de fois le caprice l'opiniâtreté, la malignité, l'impudence hâteroient l'époque de ces dégels-matrimoniaux ! oh, pour le coup, les femmes seroient moins bégueules, moins acariâtres, moins indociles, moins C.... & l'alternative d'être douce, réservée, complaisante, honnête ou répudiée, pourroit bien rabattre le caquet de ces mégeres effrontées qui conduisent la société vers son entiere corruption.

Quelques juges de Province voulurent faire brûler un jour dans les Etats du Roi de Prusse je ne sais quel pauvre paysan accusé par un Prêtre d'une intrigue galante avec son anesse : on n'exécutoit personne sans que le Roi n'eût confirmé la Sentence, loi très-humaine, qui se pratique en Angleterre & dans d'autres pays : Frédéric écrivit au bas de la Sentence, qu'il donnoit dans ses Etats liberté de conscience & de f.....

Un Prêtre d'auprès de Stetin, très-scandalisé de cette indulgence, glissa dans un sermon sur Hérode quelques traits qui pouvoient regarder le Roi son maître; on fit venir ce Ministre de village à *Potzdam*, en le citant au consistoire : quoiqu'il n'y eût à la Cour pas plus de consistoire que de messe. Le pauvre homme fut amené, le Roi prit une robe & un rabat de Prédicant; l'Auteur des Lettres Juives, & un Baron de Polnitz, qui a changé trois ou quatre fois de religion, se revêtirent du même habit : on mit un tome du Dictionnaire de Bayle sur une table en guise d'Evangile, & le coupable fut introduit par deux Grenadiers devant ces trois Ministres du Seigneur. Mon frere, lui dit le Roi, je vous demande au nom de Dieu sur quel Hérode vous avez prêché? Sur Hérode qui fit tuer tous les petits enfans, lui dit le bon homme : je vous demande, ajouta le Roi, si c'étoit Hérode premier du nom, car vous devez savoir qu'il y en a eu plusieurs? Le Prêtre de village ne sut que répondre. Comment, dit le Roi, vous osez prêcher sur un Hérode, & vous ignorez quelle étoit sa famille? Vous êtes indigne du saint

Miniſtere : nous vous pardonnons cette fois ; mais ſachez que nous vous excommunierons, ſi jamais vous prêchez contre quelqu'un ſans le connoître. Alors on lui délivra ſa ſentence & ſon pardon ; on ſigna trois noms ridicules, inventés à plaiſir. Nous allons demain à *Berlin*, ajouta le Roi, nous demanderons grace pour vous à nos freres ; ne manquez pas de nous venir parler. Le Prêtre alla dans *Berlin* chercher les trois Miniſtres, on ſe moqua de lui ; & le Roi, qui étoit plus plaiſant que libéral, ne ſe ſoucia pas de payer ſon voyage. Frédéric gouvernoit l'Egliſe auſſi deſpotiquement que l'Etat ; c'étoit lui qui prononçoit les divorces quand un mari & une femme vouloient ſe marier ailleurs. Un Miniſtre lui cita un jour l'ancien Teſtament au ſujet d'un de ces divorces ; Moyſe, lui dit le Roi, menoit les Juifs comme il vouloit, moi je gouverne mes Pruſſiens comme je l'entends.

Il ſe rencontre par fois des maris qui veulent être maîtres chez eux. Un nouveau marié de cette trempe s'apperçut dès le jour de ſes noces, qu'il auroit de la peine à dompter le caractere dominant & entier de la femme qu'il venoit de prendre ; il prit pour la corriger une voie analogue à celle qui a réussi à l'Allemand de la peau de bœuf. Le lendemain du mariage, il mena sa femme à la chasse ; un chien perd la trace de la bête ; le nouveau marié affectant un grand sang-froid lui lâche un coup de fusil ; un autre chien part trop tôt, autant de mort : la femme de regarder son mari avec beaucoup de surprise. — Mais, M., ces pauvres bêtes, qu'ont-elles fait ? — Madame, je ne puis souffrir qu'on contredise mes volontés...... Le chasseur étoit descendu de cheval, il veut y remonter, le cheval se cabre, un coup de pistolet le jette à bas.... Monsieur, reprend la femme en tremblant, mais Monsieur.... — Madame, encore un coup, vous ne me ferez point changer de maniere & mon premier mouvement sera toujours de détruire tout ce qui me contredira..... La femme se tut, & au moyen de quelques leçons de cette nature répétées de temps en temps, elle devint la plus soumise & la plus complaisante des épouses. Elle en a pris tellement l'habitude que quoiqu'elle sache maintenant que cette conduite de son mari étoit une ruse, elle est encore pour sa docilité l'exemple des autres femmes, exemple fort peu suivi.

Madame de *Boulainvilliers* rencontra,

il y a quelque temps dans la campagne, une jeune fille d'une très-jolie figure, qui pleuroit : elle eſt émue, fait approcher l'affligée & l'interroge. — Madame, ma mere vient d'expirer dans cette chaumiere, je perds l'objet unique de ma tendreſſe & mon ſeul appui, je ſuis abandonnée de tout le monde... — Qui êtes-vous, ma belle enfant, que faiſoit votre mere ? — Nous vivions de notre travail, dans la plus profonde miſere ; mon nom eſt *Chivry* ; ma mere m'a dit ſouvent que nous étions de qualité, & que l'injuſtice du ſort.... Ah, Madame, mon pere eſt mort il y a deux mois, à l'hôtel-Dieu, il a recommandé à ma mere, une liaſſe de vieux papiers..... je vais les chercher..... Mad. de *Boulainvilliers* intéreſſée au dernier point pour la jeune perſonne, laiſſe paroître une ſenſibilité qui n'a pas beſoin d'éloges : il ſuffira de raconter le fait. Elle emmene Mlle. *de Chivry*, & fait apporter ſes titres, après avoir chargé quelqu'un des funérailles de ſa mere. On a examiné les papiers, on les a diſcutés avec le plus grand ſoin ; M. & Mad. de *Boulainvilliers* ont fait toutes les recherches propres à découvrir la vérité : M. d'*Hozier* vient de la mettre au jour. Mlle. *de Chivry* & un de ſes parens qui ſert dans la marine, ſont les débris d'une famille jadis illuftre qui defcendoit en droite ligne de *Henri de S. Remy*, bâtard légitimé de *Henri II*, Roi de France. La bienfaitrice de ces infortunés leur a déjà obtenu des graces de la Cour.

La fureur du jeu eft, depuis quelques années, devenue univerfelle. Elle s'eft emparée de tous les états. Chacun dans l'efpoir de faire des reffources a recours à ce moyen rarement utile à quelques-uns & plus fûrement ruineux pour le grand nombre. La foule prodigieufe des frippons augmente néceffairement celles des dupes. Les exemples chaque jour s'accumulent dans cette capitale : je me bornerai à vous en rapporter trois des plus récens. Un jeune homme, ayant atteint depuis quelques mois l'âge de la majorité, eft affez fou pour rifquer au jeu tout fon patrimoine, dans le deffein de le doubler. Il eft trompé dans fes efpérances ; il perd tout. Réduit à manquer de tout, il fe détermine à s'empoifonner de concert avec une jeune fille qu'il aimoit & à laquelle il étoit prêt à s'unir, fi la chance du jeu lui avoit été favorable. Celui-là n'étoit que dupe. Ceux-ci étoient frippons. Une femme de qualité, jouant au *vingt & un*, demande carte. Celui qui tenoit la main lui donne un dix, qui avec un quinze & un sept formoit vingt-deux. Mais en mettant le pouce sur le point du milieu du sept, elle s'écrie brusquement, vingt & un ; le Banquier peu défiant, sans examen lui paye trois louis. Un Anglois qui par derriere cette femme, jouoit cinquante louis sur les mêmes cartes, ne voulant point être de moitié dans la fripponnerie, dit au Banquier, en lui poussant son argent : *Pour vous, Monsir, pour vous.* --- Quoi, dit le Banquier, n'avez-vous pas vingt & un ? --- *C'est Madame*, répond l'Anglois, *qui a vingt & un : pour moi, j'ai vingt-deux.* Un jeune Abbé qui admis pour la premiere fois dans une des meilleures maisons de Paris fut invité de faire un piquet avec la maîtresse du logis, lui gagnoit une somme assez considérable ; la Dame surprise d'un bonheur aussi constant, eut quelques soupçons & après avoir examiné attentivement l'Abbé : *Quoi, Monsieur,* dit-elle, *vous reprenez, je crois, dans votre écart ?* --- *Oui, Madame,* répond l'Abbé froidement, *est-ce que vous n'y reprenez pas :* --- *Non, Monsieur, ce n'est point l'usage.* --- *Il falloit donc le dire, Madame.* On força l'Abbé de rendre l'argent qu'il avoit escamoté & on le chassa.

Deux jeunes gens étroitement liés dès l'enfance furent entraînés dans le vice par le fréquentation de la mauvaise compagnie, pendant le temps que leurs études les retinrent dans la capitale. Rappellés en Province par leurs parens, une petite ville leur parut un théâtre trop resserré pour leurs plaisirs. Ils employerent d'abord la séduction & tous les moyens que l'esprit de débauche peut suggérer pour rendre toute la jeunesse du lieu de leur naissance, complice de leur libertinage. Ils étendirent dans les environs, la scene de leurs infames amusemens. Un soir, après avoir passé la journée dans un bourg du voisinage, ils traverserent un bois où l'idée vint à l'un d'eux de se dédommager sur le premier passant de la dépense où leur mauvaise conduite les avoit entraînés. La débauche affaisse l'esprit, détruit tous les principes & rend l'ame moins susceptible de l'horreur d'une bassesse. On en vient bientôt à n'être plus révolté de celle du crime le plus affreux : souvent il ne coûte déjà plus lorsqu'on est livré à ses passions, au point de n'avoir d'autre but que de les satisfaire. Le plus jeune des deux amis, nommé *Martal*, étoit né vertueux : le goût des plaisirs ne tenoit encore qu'à ses sens & n'avoit pas corrompu son cœur.

Martal frémit de la propofition de fon compagnon : mais quoiqu'incapable de partager le forfait, il n'eut pas la force de l'arracher à ce funefte deffein. L'occafion fe préfenta bientôt de l'exécuter. Une vieille fermiere avec fa fille vint à paffer. L'indigne ami du foible & malheureux *Martal* conçut aifément que la voiture de ces femmes étoit chargée d'argent qu'elles rapportoient d'un marché voifin. Les approcher & les menacer l'épée à la main, ne fut qu'une même chofe pour le fcélérat. Tomber évanoui fut le fort du pauvre *Martal :* une jeune perfonne qui fuyoit dans l'obfcurité, en le heurtant lui rendit l'ufage de fes fens. En fe relevant avec vivacité, il redoubla la frayeur de l'infornée : après quelques efforts, il apprit par des mots entrecoupés qu'il lui arracha, que fon ami avoit pourfuivi & atteint les voyageurs qui avoient effayé de fuir; qu'après avoir bleffé la vieille fermiere, il s'étoit emparé de tout fon argent. La jeune fille alloit à une chaumiere voifine chercher du fecours pour fa mere. *Martal* hors de lui-même, effrayé du crime qui venoit de fe commettre, fut encore attendri par la belle enfant qui le lui racontoit. Les dangers que couroit fon ami fe préfenterent en même temps à fon efprit. Il empêcha la jeune payſanne d'aller plus loin & s'offrit à donner lui-même à ſa mere les ſecours dont elle avoit beſoin, & à les reconduire enſuite. Arrivés à la voiture, ils trouverent la bonne femme qui venoit d'expirer : la maréchauſſée parut à ce moment; l'innocent *Martal* fut pris pour l'aſſaſſin & conduit dans les priſons. Le témoignage de la malheureuſe orpheline fut le ſeul obſtacle qui empêcha les Juges de le condamner comme atteint du meurtre. Elle étoit elle-même ſoupçonnée, & ſi le coupable n'avoit eu l'imprudence de venir dans les cachots viſiter l'ancien compagnon de ſes débauches, *Martal* auroit pu être la victime des apparences qui dépoſoient contre lui. Le haſard voulut que la villageoiſe apperçut l'aſſaſſin dans la priſon ; un cri qu'elle fit le dénonça, & elle ne balança pas à déclarer que c'étoit par ſon ſupplice qu'il falloit venger la mort de ſa mere. Le meurtrier ſubit bientôt la peine de ſon forfait, à laquelle la délicateſſe de *Martal* l'auroit dérobé : celui-ci n'auroit jamais cherché à ſe ſouſtraire à une punition injuſte, en dénonçant ſon indigne ami. *Martal* dans la priſon avoit eu la liberté de voir la charmante perſonne que ſon compagnon avoit plongée dans le deuil. Juſques-là il avoit ignoré les douceurs de la société d'une personne vertueuse. Celle-ci ne manqua pas de lui faire abhorrer sa vie passée; le goût de l'honnêteté qui n'avoit été qu'assoupi dans son cœur, fut réveillé par l'amour le plus vif, qu'il conçut pour la compagne de son infortune. Un sentiment tendre & vertueux lui avoit été inconnu jusqu'alors; dès qu'il l'eut éprouvé, le changement qui se fit en sa personne, ne tarda pas à le faire paroître aimable aux yeux de celle qui l'avoit fait naître. Quand il eut obtenu sa liberté, la régularité de ses mœurs le reconcilia avec ses parens. Ils consentirent à son union avec la jeune orpheline à laquelle il tint lieu de la mere qu'elle avoit perdue. Ce couple heureux a produit une famille nombreuse à qui le souvenir de ses égaremens engage le pere à donner l'éducation la plus soignée.

Un soir vers les huit heures, deux hommes se présentent chez une sage-femme de cette ville & lui font entendre qu'ils viennent la chercher pour accoucher une fille de la plus grande qualité qui a eu la foiblesse de se laisser tromper par un malheureux qui l'a abandonnée. Pour être plus sûr de sa discrétion, on exige d'elle qu'elle se laisse bander les yeux. Elle y consent. Une voiture l'attend à la porte; on y monte, & après l'avoir promenée pendant trois ou quatre heures, on la fait monter dans une chambre. Là on lui ôte le bandeau. Elle voit un très-grand feu allumé : elle s'approche d'une jeune fille d'une beauté remarquable. Cette infortunée lui dit tout bas : *Madame, par pitié arrachez-moi la vie.* Mais, comme elle étoit observée avec le plus grand soin & qu'elle craignoit elle-même pour ses jours, la sage-femme n'osa jamais lui demander le sujet de ses alarmes, quelque désir qu'elle eut de le savoir. Enfin elle accouche cette fille d'un garçon ; elle veut ensuite accommoder l'enfant : mais les deux hommes qui l'avoient amenée se promenoient dans la chambre pendant l'opération avec le plus morne silence & ne voulurent jamais lui permettre d'emmailloter l'enfant. Elle fit observer que le feu extraordinaire qui étoit dans la cheminée étoit capable de faire mourir l'accouchée, on ne lui répondit rien. On la paya largement, on lui rebanda les yeux, on la fit descendre : mais à peine fut-elle à la porte de la rue, qu'elle entendit des cris épouvantables. On la fit monter dans une voiture, & les deux hommes qui l'avoient amenée la conduisirent chez elle, après l'avoir promenée deux ou trois heures. Il faut dire que cette femme avoit eu la précaution de conserver du sang dans une de ses mains, & qu'en sortant de la maison, elle feignit de s'appuyer sur le mur. Elle espéroit que cet indice serviroit à faire reconnoître la maison. Dès qu'elle fut libre, elle alla faire sa déposition chez un Commissaire : mais on n'a pu découvrir ni la rue, ni la porte, ni les hommes qu'elle a désignés.

Sur la paroisse de *S. Severin*, un Particulier vivoit à l'extérieur, d'une maniere très-réguliere, & jouissoit de la réputation d'aimer le bien & de pratiquer des œuvres de charité. Assidu aux exercices de la Religion, il en paroissoit suivre toutes les maximes avec une ferveur tout-à-fait exemplaire. Il avoit édifié par sa conduite tout le clergé & tous les habitans de la paroisse. On le citoit comme un parfait modele. On ne l'appelloit que le saint homme. Mais il n'étoit rien moins que ce qu'il paroissoit. Sous le voile de la dévotion il cachoit une ame atroce & dépravée. Il enlevoit à droite & à gauche les jeunes filles de pauvres parens, leur faisant espérer qu'il les placeroit avantageusement & leur procureroit un apprentissage utile & honnête. Bien loin de remplir des engagemens si respectables, ce malheureux vendoit les jeunes filles & les livroit à la plus affreuse prostitution. Une de ces infortunées entr'autres qui depuis trois jours combattoit pour sa vertu & s'opposoit aux persécutions de cet indigne suborneur, douée d'une ame forte & élevée, conçut le généreux dessein de lui échapper à tel prix que ce fût. Elle trace avec son sang sur un papier l'histoire de ses malheurs & de son oppression, & l'adresse au vicaire de la paroisse. Elle jette par la fenêtre cet écrit qu'elle abandonne au hasard. Heureusement celui qui le trouva le lut, le porta au vicaire & lui indiqua l'endroit où il avoit ramassé ce papier. L'ecclésiastique va trouver le Procureur général, lui remet l'écrit & désigne l'homme en question sous les traits les plus capables de le faire reconnoître. Il y a long-temps, dit le Procureur général, que je cherche un homme du caractere dont vous le dépeignez. Je veux m'en assurer, & j'y mettrai ordre. Il écrit en conséquence à ce séducteur la lettre la plus pressante & lui marquant qu'instruit du bien qu'il faisoit sur sa paroisse, il desiroit le voir pour lui communiquer des choses très-importantes & relatives à ses pieux desseins : qu'il l'attendoit à telle heure, le priant de se rendre chez lui au temps marqué. Cet homme plein de confiance se rend à l'invitation du Magistrat. Celui-ci le reçoit avec l'accueil le mieux concerté, & s'amuse par le récit qu'il lui fait faire de ses prétendues bonnes œuvres, & par de nouvelles vues qu'il propose à ce sujet. Dans cet intervalle, un Commissaire est envoyé chez l'homme en question, accompagné de quatre Officiers de police. Ils trouvent en effet douze jeunes filles réduites à la plus extrême misere & dont le plus grand nombre avoit déjà sacrifié sa vertu. Le Commissaire demande celle qui a écrit la lettre. Cette jeune personne pleine de joie de ce que son projet avoit réussi, raconte avec ingénuité toutes les vexations qu'elle avoit essuyées. Elle ajouta que renfermée depuis trois jours seulement dans ce lieu infame, elle étoit venue à bout de résister aux indignes sujetions de son abominable tyran. Le Commissaire bien instruit, va rendre compte de sa commission au Procureur général, & laisse ses assistans dans la maison. Après avoir parlé en secret au Magistrat, il en reçoit l'ordre de faire arrêter à la sortie de son hôtel l'abominable imposteur, ce qui fut exécuté. La paroisse prend soin des jeunes filles.

On sait que l'année 1776 fait époque

dans l'histoire des observations météorologiques. L'hiver fut un des plus rudes qu'on eût éprouvé en France avant celui de 1783. Le jour où le froid se fit sentir d'une maniere plus vive, il plut à S. M. d'aller se promener jusqu'à trois quarts de lieue de *Versailles*, accompagnée seulement d'un des Capitaines de ses Gardes. Deux enfans, qui ne connoissoient point le Roi, lui demanderent l'aumône sur le grand chemin. S. M. touchée de leur état, leur fit plusieurs questions, & ils lui apprirent que leur mere étoit morte depuis deux jours; que leur pere étoit malade, couché sur la paille, n'ayant ni pain, ni feu; ce qui paroissoit attesté par les larmes que ces malheureux enfans répandoient abondamment. Ils témoignerent outre cela au Roi la crainte qu'ils avoient de perdre cet infortuné pere. Curieux de savoir s'ils ne lui en imposoient point, S. M. les suivit jusques dans leur chaumiere, & trouva effectivement le pere dans l'état où ses enfans l'avoient représenté. Attendri sur un spectacle aussi touchant, le Roi donne sur le champ de l'argent; & de retour à *Versailles*, il envoya de nouveaux secours & des meubles à cette pauvre famille. Il fit plus; il ordonna que les deux enfans fussent mis en pension & élevés à ses propres frais.

La Reine n'étant encore que Dauphine, se promenoit avec son époux : elle vit passer un petit garçon qui portoit de la soupe dans une écuelle, avec quelques cuillers d'étain... — *Que portes-tu là, où vas-tu, mon enfant ? — Madame, c'est de la soupe pour mes freres & sœurs. — Combien en as-tu donc ? — Huit, Madame. — Que fait ton pere ? — Il est Journalier, & il travaille dans ces jardins. — Combien gagne-t-il par jour pour nourrir une si grande famille ? — Vingt-quatre sous l'été & vingt l'hiver. — Goûtons cette soupe,* dit la Princesse au Prince. *Cela n'est pas fort ragoûtant ; cependant, ce sont des hommes comme nous, Monsieur, qui s'en nourrissent : n'importe, je la goûterai ; — tenez, goûtez-la aussi.* Elle tire ensuite de sa bourse quatre pieces d'or, les enveloppe dans du papier, & dit à l'enfant : — *Porte cela à ton pere.* — *Suivons-le,* dit ensuite la Princesse, *pour voir comment il fera la commission.* Il arrive à la cabane, & jette le petit papier sur une table, en disant : *Tenez, mon pere, nous voilà bien riches !* Le bon homme effrayé de voir cet or ; lui dit aussi-tôt : *Malheureux ! où as-tu pris cela ?* — *Je ne l'ai pas pris ; une belle Dame me l'a donné dans le jardin.* — *Est-il bien vrai ? --- Oui, mon ami*, lui dit la Princesse, qui écoutoit à la porte, *c'est moi qui vous ai envoyé ce peu d'argent.* L'infortuné la reconnoît, se jette à ses pieds, pénétré jusqu'aux larmes. *Eh bien, Monsieur*, dit la Princesse à son époux, *n'êtes-vous pas attendri de ce spectacle, ne sentons-nous pas la plus douce & la plus pure satisfaction ? Pourquoi ne pas nous la procurer tous les jours ? Sans doute nous faisons souvent l'aumône ; mais il y a peu de gens de notre état qui la sachent bien faire.*

Une Veuve d'un hameau près de *Ferney* fut poursuivie par ses créanciers; la Justice fit vendre son bien. M. de *Voltaire* se porta adjudicataire, fit pousser très-haut le prix de ce bien, & en devint le fermier pour le compte de la Veuve. Il en fut mal récompensé; au bout de l'année, la Veuve lui fit un procès.

Mad. de La..., mariée fort jeune à une espece de Métis François Espagnol, fort sagouin, mais fort commode, s'est insensiblement livrée au torrent des intrigues. Eh, le moyen de s'en défendre ? Sans fortune, il a fallu placer son mari, pourvoir à ses plaisirs, à sa parure, au loyer d'un appartement brillant, & tout cela ne s'obtient en ce monde, qu'en donnant de ces échanges de convention, auxquels les hommes attachent d'abord tant de prix, & qui finissent par leur paroître si peu de chose. Mais soit que la vérité du proverbe ne puisse être démentie ; *que ce qui vient par la flute s'en va par le tambour*, soit que les actions amoureuses de la Dame aient perdu de leur valeur, il est de fait que sa position est très-voisine de ce qu'on appelle, en être aux expédiens : de maniere que, pour conserver une existence tant soit peu décente pendant une absence qu'a fait son mari, elle s'est vue réduite à solliciter M. l'Archevêque de lui procurer une place dans une maison religieuse. Le Prélat, dans l'espoir sans doute de rappeller cette mondaine à Dieu, l'a placée chez les Dames de Chaillot. Malheureusement, un ange séducteur l'attendoit dans cette retraite : le digne chapelain s'est amouraché d'elle, lui a rendu de petits soins, & finalement a consommé le galant mystere. Les précautions & la décence ont d'abord favorisé ce commerce clandestin ; mais une seule imprudence leur en a fait payer cher les trop courts momens. Une lettre, dépositaire de quelques mécontentemens du chapelain envers la Dame Abbesse, &

remplie d'imputations & d'invectives contre sa personne, est, par un funeste *quiproquo*, tombée dans ses mains, au lieu d'être remise à Mad. de La..., à qui elle étoit adressée. L'Abbesse s'apperçut de l'erreur avant de l'avoir ouverte, mais par une suite de cet esprit curieux, tracassier & inquisiteur, qui regne parmi toutes ces béates béguines, elle ne put résister à la dévorante tentation de décacheter cette fatale lettre. Quel coup de foudre! s'y voir traitée de *B..*, de *S..*, &c.! Tant d'audace pouvoit-elle demeurer impunie? Oh, la tolérance monacale ne va pas jusques-là. On fait sonner la cloche funebre; chaque sœur ouvre les oreilles & ne sait quelle catastrophe elle annonce. Le Conseil s'assemble, fait avec indignation la lecture du libelle odieux; & d'une voix forte & unanime, prononce anathême contre le couple profane, qui s'est vu chassé de la maison du Seigneur.

Lorsque M. *Fox* entra dans le Ministere britannique, on y offrit une place à M. *William Pitt*, âgé de vingt-deux ans: Il répondit: *Je suis trop jeune pour prétendre aux grandes places & trop fier pour accepter les petites.* Il a depuis calculé qu'une belle réponse étoit quelquefois une duperie & s'est laissé faire Ministre.

Mad. de *Mirabeau* étoit extrêmement *processive*. Son mari, auteur de l'*Ami des hommes*, tourmentoit beaucoup ses vassaux dans une terre qu'il possédoit en *Limousin*. L'un d'eux lui fit cet épitaphe:

    Ci gît *Mirabeau* le brutal
    Qui juroit bien & payoit mal.

La veuve voulant venger les mânes de son époux, intente procès au faiseur d'épitaphe; il est condamné à une amende. Je payerai, dit-il, mais le lendemain de votre mort, je ferai aussi la vôtre, & j'écrirai sur votre tombe:

    Ci gît aussi sa *Mirabelle*
    Qui ne fut ni bonne ni belle.

La jolie *Luzzy*, actrice de la Comédie françoise s'est retirée dans un couvent. *Oh la coquine*, a dit Mlle. *Arnoult! Elle s'est fait sainte dès qu'elle a su que Jesus s'est fait homme.*

Le Marquis de *Crequi* a gagné un procès contre les *Le jeune* qui vouloient être ses parens. Je crois en effet, a dit le Maréchal de *Biron*, que les *Crequi* sont parens des *Le jeune*. Lorsque les premiers se distinguoient dans les batailles, les autres faisoient des *sieges*. Les auteurs des *Le jeune* étoient Tapissiers.

M. le Comte de *Galifet*, pere de Mad. la Duchesse de *Fronsac*, étant allé passer l'été dans ses terres, avoit laissé son suisse pour garder son hôtel pendant son absence. Un beau jour, le suisse disparoît : on entre dans la maison, on la trouve sans dessus-dessous, les glaces brisées, les papiers brûlés ou déchirés, l'argenterie enlevée avec plus de deux cens mille livres : on ne doute pas que le suisse n'ait été l'auteur du vol & de tant de dégât. Quelques jours se passent ; l'homme que l'on avoit mis à sa place, allant pour faire prendre l'air aux appartemens, se sent suffoqué d'une odeur fétide insupportable : il suit la trace, & parvient jusqu'à l'endroit d'où elle sembloit partir : il regarde, il observe, il tâte ; enfin, il porte la main sur un cadavre mutilé. Effrayé, il court avertir, montre sa triste découverte ; & l'on reconnoît que le malheureux suisse soupçonné avoit été la victime de sa fidélité.

Le Président de *S...* écrivit un jour la lettre suivante à un inspecteur de Police. Je vous demande justice, M., de la nommée..., qui a donné à mon *Jockey*, une maladie

maladie honteuse. C'est un garçon charmant, dont les services me sont très-agréables, & la perte de sa santé ne peut être punie que par le séjour d'un an à l'hôpital. Je compte que vous ferez là-dessus votre devoir. L'inspecteur de Police, homme de beaucoup d'esprit, & réellement fort au-dessus de son état, a fait la réponse suivante. M., si vous pouvez me prouver que c'est de dessein prémédité que la nommée.... a gâté la santé de votre charmant *Jockey*, je la ferai punir comme elle le mérite ; mais je ne lui dois aucune peine s'il a été la trouver, & s'il a pris chez elle une maladie qui est devenue, comme vous le savez très-bien, un effet d'échange & de commerce. Il est des mers sur lesquelles on ne peut voguer qu'après avoir pris la résolution d'en affronter tous les dangers. En attendant votre réponse, je vais m'occuper de la santé de la malheureuse ; je vous conseille de faire la même chose pour votre *Jockey*, si vous desirez que ses services continuent de vous être agréables : j'espere que cette lettre vous aura convaincu que je sais remplir tous mes devoirs. Le Président se l'est tenu pour dit, mais la nymphe a répandu l'histoire & on en rit un peu aux dépens du magistrat.

Un homme qui partageoit le fort de la plupart des maris de cette capitale, fans être doué de la même réfignation, a voulu fe féparer de fa femme. Le jour convenu, on fait venir celle-ci à une affemblée de parens chez le magiftrat. Les difcuffions furent fi longues qu'il étoit plus de neuf heures lorfque la féance finit, fans qu'on décidât rien. Au bout d'une heure, la femme revient, repréfente au magiftrat que les portes du couvent qui, fuivant l'ufage, lui fervoit de demeure jufqu'à la décifion de l'affaire, étoient fermées, & lui demande un afyle pour elle & fon domeftique, afin de ne pas être expofée à de nouveaux foupçons de la part d'un mari jaloux. Après quelques réflexions d'un côté & beaucoup d'inftances de l'autre, le Juge fait préparer dans fon hôtel deux chambres convenables. Le lendemain un frere du mari arrivant chez le magiftrat, reconnoît fous la livrée de fon frere, l'amant de fa belle-fœur qui lui donnoit le bras pour monter dans un fiacre. Confondu & de l'apparition & du coftume que portoit le galant; il va demander à l'homme de robe pourquoi il rencontre à fa porte & l'époufe infidelle & l'homme qui caufoit la défunion des époux. On peut fe figurer la furprife du magiftrat, en voyant que fa

complaifance l'avoit conduit à être le M....
d'une coquine audacieufe. On a voulu
étouffer cette affaire, mais la malignité a
eu foin de la publier. Dans l'état actuel
des mœurs, il eft naturel que la conduite
de la femme obtienne des fuffrages. On
plaifante principalement fur la nature des
fonctions que le magiftrat a bénignement
remplies, mais on s'accorde auffi à convenir qu'en affaires d'amour, les femmes
poffedent au fuprême degré le génie in-
ventif qui fait triompher de tous les obf-
tacles.

M. de *Montefquieu* a dit dans *l'Efprit
des Loix*, qu'il étoit un temps où les femmes même devenoient un objet de luxe :
il auroit pu dire qu'il en étoit un autre
où elles devenoient un objet de négoce.
Lorfque la dégradation des mœurs eft devenue générale, & que ce mot, *aviliffe-
ment*, ne révolte plus les oreilles, on né-
gocie fa femme ou fa maîtreffe comme
une lettre de change ; on n'en va pas moins
la tête levée, on rend fervice à fes amis,
on y gagne quelque chofe, & on appelle
cela, faire des affaires en faifant des mé-
nages. Voici une anecdote où l'un de ces
faifeurs d'affaires s'eft compromis un peu
plus fort que de jeu. Il vivoit depuis trois

ans avec une des plus fameuses Laïs de la capitale, il avoit mangé une partie de sa fortune, & devenu raisonnable par impuissance, il se proposoit de renoncer aux vanités du monde, quand le hasard ramena de l'*Amérique* ici, un homme qui en étoit parti avec beaucoup de dettes & qui revenoit avec beaucoup d'argent. Après les premiers complimens, après les assurances de tout le plaisir que l'on goûtoit à revoir le nouveau débarqué, on lui fit part de la détresse où l'on se trouvoit & de la nécessité où l'on étoit d'abandonner une maîtresse charmante; bref, on la proposa, & elle fut acceptée. Les conditions furent que l'ancien amant auroit le droit de rester le commensal de la maison en respectant toutefois les conventions nouvelles. La table étoit bonne, on fut exact de ce côté ; sur l'autre point on ne le fut pas, mais on s'entendit pour tromper le payant, comme cela se pratique. Au bout de quelque temps, un créancier de celui-ci sachant qu'il étoit de retour & riche, proposa au premier amant de lui donner la moitié dans quelques lettres de change prescrites, s'il parvenoit à les faire acquitter par le débiteur. On fit à ce sujet un marché avec l'amante, on proposa de partager le gain : enfin, après bien des difficultés, l'Américain consentit à payer & remit la somme entiere; la moitié fut fidélement envoyée au créancier, il fut question de partager l'autre : débat pour le partage. L'agioteur réclamoit les deux tiers & la nymphe, l'égalité. Au bout d'une longue contestation, elle garda tout : ne voilà-t-il pas que son vil *caprice* porte des plaintes au Lieutenant de Police. Sur l'ordre que le magistrat donna à la fille de se rendre chez lui, elle demanda que son ancien & son nouvel amant comparussent avec elle, ce qui lui fut accordé. On peut juger de la surprise du magistrat, quand il entendit le récit fidele de l'aventure. La contestation n'a pas été longue, on a chassé honteusement l'agioteur, le nouvel amant a abandonné sa maîtresse, la fille a reçu ordre de faire remettre la somme au véritable créancier sous une heure, & le créancier informé de tous les détails, a fait porter la somme à son curé pour être distribuée dans les vingt-quatre heures aux pauvres les plus nécessiteux de la paroisse. Voilà une bonne œuvre dont la source est certainement bien impure.

Il est dans le Droit romain plusieurs manieres d'acquérir. *Justinien* en a fait un titre particulier dans ses Instituts. Un maçon de *Fons* en *Languedoc*, nommé *Pégourié*, peu satisfait de toutes celles qui sont dénombrées dans les loix romaines, en voulut inventer une nouvelle à son usage. Comme l'avare de *Moliere*, qui n'admiroit point un bon repas qu'il falloit payer, & exhortoit son cuisinier à lui faire, pour chef-d'œuvre de son industrie, un repas délicat & somptueux, qui ne lui coûtât pas un sou; *Pégourié* ne se soucioit point d'acquérir une chose, en donnant son prix en argent ou autre équivalent. Il convoitoit beaucoup depuis long-temps, une piece de terre d'un de ses voisins; mais il vouloit en devenir propriétaire, sans bourse délier. Cela paroît difficile à bien des honnêtes gens : voici le moyen de l'industrieux maçon : il choisit pour confident un nommé *Débrieu*, laboureur de son voisinage. Soit par son éloquence, soit en l'intéressant, il fut l'engager dans ses vues. Si *Débrieu* ne fut que complaisant & généreux, c'est malheureusement une espece de générosité pour laquelle les loix n'ont point établi de reconnoissance. Quoi qu'il en soit du salaire, voici le pacte. Les deux amis conviennent ensemble que *Débrieu* se présentera chez un tabellion un peu éloigné du lieu, sous le nom du propriétaire du champ convoité, & que la vente se fera ainsi paisiblement entr'eux deux. Un si beau projet s'exécuta sans délai. Nos deux associés vont, le 8 Juin 1781, chez un tabellion : *Je suis moi*, Pigourié, *qui veut acheter telle piece de terre, & voilà* Tysseyre, *propriétaire de ladite piece, qui veut me vendre.* Il n'y eut que ces deux mots à dire. Le tabellion dressa l'acte : voilà la vente consommée ; & les deux contractans sortent tout joyeux du succès. On conçoit pourtant qu'il devoit rester quelques petites difficultés sur la tradition de l'immeuble vendu. Il n'étoit pas aisé à *Pégourié*, malgré son acte en bonne forme, d'aller se mettre en possession du champ. Le véritable *Tysseyre* n'auroit pas été facile à déposséder sans bruit ni querelle. Apparemment que l'acquéreur, content de la propriété, se proposoit d'en laisser quelque temps l'usufruit au possesseur, ou se commandoit la patience d'attendre sa mort, ou enfin, espéroit de l'avenir ou de son génie quelque expédient nouveau pour donner à l'acte son effet. Un incident fort simple vint lui épargner les embarras. Soit indiscrétion de sa part (car les petits criminels sont quelquefois indiscrets par vanité), soit propos échappés au faux vendeur, la nouvelle de cette supercherie parvint, après quelque temps, au tabellion surpris. L'amour-propre de l'officier fut piqué de se voir dupe; & d'ailleurs l'intérêt de s'absoudre lui-même de tout soupçon de complicité avec ces deux faussaires, lui firent bientôt rompre le silence. Il rendit plainte contre les coupables. Ils ont été condamnés au bannissement par les Juges du lieu, & le Parlement de *Languedoc* en confirmant cette sentence, y a joint en faveur de *Débrieu*, la formalité assez maussade d'une amende honorable.

M. *Fanier* venoit de jouer un rôle d'officier: elle rentra dans la coulisse en criant; *Oh ils m'ont reconnue!* Le ventriloque *Desessarts* lui dit: *Vous ne faites donc pas comme certaine actrice de Londres...* & alors, en homme à qui la nature donna tout son esprit en mémoire, il raconta qu'une comédienne angloise, dont il estropia un peu le nom, (c'étoit de Mlle. *Woffingthon* qu'il vouloit parler) après avoir joué avec le même succès un rôle d'homme, dit en rentrant au foyer: *Je parie que la moitié du public m'a prise pour un homme;* qu'un de ses camarades lui avoit répondu: *Ne vous inquiétez pas, l'autre moitié est parfaitement assurée du contraire.* --- *Oh*, dit la belle *Fanier*, la *moitié du public! c'est un peu fort. Mais* peut-être le public de ce jour-là n'étoit-il composé que d'une cinquantaine de badauds.

Les annales du tripot comique offrent plus d'une scene sanglante. La bravoure n'est pas toujours une vaine simagrée chez les héros de théatre. Le superbe *La Rive* & son confident *Florence* en ont, ces jours-ci, donné une nouvelle preuve. Le premier étoit *Semainier*. Prêt à paroître sur la scene, il s'apperçut que *Florence* n'étoit pas encore habillé, & lui fit d'abord des représentations fraternelles sur sa négligence. Le confident répondit avec humeur : alors le *Semainier* prenant le ton & le geste de son emploi, le menaça de le mettre à l'amende. On s'échauffe : *La Rive* traite son camarade de *poliçon*. Après la piece, *Florence* voulut avoir raison de cette injure : on s'entremit vainement : les graves histrions sermonerent, les femmes piaillerent ; enfin le suprême ordonnateur du tripot survint, interposa son autorité & défendit toute voie de fait. Cette défense n'eut aux yeux du Spadassin *Florence*, que sa valeur intrinseque ; le lendemain matin il alla trouver son adversaire & l'emmena au *champ de Mars*. Le combat fut opiniâtre, *La Rive* reçut une légère bleſſure & déſarma *Florence*. Prenant en ce moment l'air de dignité du Chevalier *Bayard*, il dit au vaincu : *Allez, votre vie eſt dans mes mains ; je vous la rends avec votre épée & je vous répete que vous n'êtes qu'un poliçon*. Là-deſſus nos braves ſe ſont ſéparés, & ſont retournés chacun chez eux.

Un jeune homme de la premiere qualité, à peine ſorti des mains d'un gouverneur qui l'entretenoit dans une vertueuſe ignorance de ce que nos jeunes gens ſavent le mieux, eſt tombé amoureux d'une de nos plus décidées *impures* & il faiſoit fort gravement le ſiege de cette place dans toutes les regles. Il y auroit peut-être mis autant de temps que les Eſpagnols à celui de *Gibraltar*, ſans un petit événement qui a un peu décontenancé ſa gravité en lui prouvant que ſes yeux faſcinés n'appercevoient pas d'énormes breches. Il avoit bonnement cru avoir beſoin de gagner une ſoubrette, & comme il avoit beaucoup de meſures à garder, parce que ſes parens n'étoient pas gens à pardonner une *belle occaſion* de cette eſpece, il avoit dû ſe procurer à grands frais un entrepôt pour les lettres & les préſens. Il n'avoit encore eu que le *bonheur* de lorgner & d'être lorgné. Son extrême timidité n'avoit osé tenter un abordage qu'il s'imaginoit terrible ; mais enfin les réponses à ses billets commençoient à devenir si tendres, si encourageantes, qu'au sortir du spectacle, plus hardi que jamais, & tout fier de tant d'audace, croyant commencer de cet instant seulement à être un homme du monde & à bonnes fortunes, il s'ouvre à l'un de ses gens, lui ordonne de suivre cette Dame jusques chez elle, de la saluer de sa part & de lui demander à quelle heure elle voudroit recevoir sa visite : le laquais, beau garçon nouvellement débarqué à *Paris*, suit à la trace, arrive, entre, ignore qu'il est suivi pas à pas de son maître à qui le cœur palpite autant de crainte que d'espoir. Et tout cela pour une *impure !* Il faut convenir que l'honnête gouverneur avoit bien *singuliérement* élevé son bénévole pupile ! Notre amant transi se glisse dans la maison, monte l'escalier, se colle à une porte que la belle a fait refermer après l'introduction du beau laquais. On se mord souvent les doigts pour avoir écouté aux portes ; vous jugerez bientôt si notre *Céladon* y gagna. --- Madame, M. le Comte me charge, comme j'avois commencé de vous le dire au bas de l'escalier lorsque vous avez ordonné que je montasse, de vous saluer de sa part & de vous demander à quelle heure il pourra venir vous.... — Quoi ? venir ! une heure !.... votre nom, mon ami ? --- *La Brie*, Madame. --- Mais.... *Julie*, savez-vous bien que *La Brie* est l'un des plus jolis garçons que j'aie jamais vus ? quels cheveux ! quelles dents ! quelle taille !.... & c'est la force d'un Turc.... & la peau.... comme du satin !...... *Julie*, tournez la clef de cette porte. Votre maître est donc bien pressé ? Mais, mon enfant, les diamans qu'il m'envoya hier sont si petits ! je n'ai pas voulu le désespérer... C'est ce jeune homme fluet, n'est-ce pas ? --- Oui, Madame. --- Oh ! pour voir.... délacez-moi, mon cher ; cette *Julie* se fourre toujours je ne sais où.... & ton message est un grand secret pour la maison ? -- On m'a recommandé le plus grand mystere. -- Tu sais donc garder un secret.... Eh bien ! je veux t'en confier un.... Fort bien, comme cela.... *La Brie* est adroit... il fait si chaud !.... Ote-moi cette épingle.... celle-ci.... soutiens-moi... Mais je serai mieux assise. Je ne vis que sur mon canapé.... comme tu es fait !.... viens, nous sommes seuls.... Tu es étonnant !... l'aimable garçon !.... Ah ! le brave ! -- M. le Comte n'y tenant plus (on perd patience à moins) veut entrer, la porte réſiſte. *Julie* accourt au bruit par un autre côté, l'attire dans une autre chambre, interroge, répond & pendant ce temps-là *La Brie* s'eſquive. On ſonne ; *Quel bruit eſt-ce donc*, dit une voix traînante? --- M. le Comte qui croit que ſon laquais eſt venu & qui veut entrer. -- Bon Dieu! ce M. le Comte veut-il dès la premiere viſite, me paſſer la chemiſe, me ſurprendre toute nue ? faites attendre un inſtant. -- Le jeune Comte, entendant quelqu'un qui deſcend l'eſcalier, ſort, court, joint *La Brie* à quatre portes de là. -- Comment, coquin! c'eſt ainſi que tu fais mes commiſſions ? j'ai tout entendu : je te rouerai de coups. --- Eh, M. le Comte ! mettez-vous à ma place... croyez que malgré les deux louis qu'on m'a donnés & que voici, je vous aurois tout confié par reſpect.... Hélas ! je ne pouvois pas faire mieux. -- Je ſuis d'une fureur... Un laquais !.... je te chaſſe... mais non, *reprend le Comte*, j'ai tort, voici deux autres louis... tiens.... la leçon vaut davantage... Où diable allois-je placer de l'amour !... Donne-moi tous les matins des nouvelles de ta ſanté. Ce ſont deux expériences, morale & phyſique; j'aime encore mieux que tu ayes tenté la derniere que moi. -- Le galant, la belle *impure*

& le beau laquais racontèrent tous trois fort plaisamment cette historiette. Tels sont les progrès de la *civilisation* dans les capitales, que peu de jours suffisent pour y former un *La Brie*.

M. *D'Auc....* Fermier-général, brouillé depuis long-temps avec son frere, étoit si fort en colere contre lui qu'il lui échappa de dire devant ses enfans : *Quoi ! il ne se trouvera personne qui me venge de cet homme-là !* Le lendemain le plus jeune de ses deux fils demande dès le matin à lui parler & vient déclarer qu'il partage son ressentiment & veut en faire éprouver les suites à son oncle. Le pere lui représente le danger qu'il peut courir : le jeune homme persiste, & le vieux *D'auc...* finit par encourager sa valeur. Alors le bon fils dit à son pere qu'il n'a qu'une inquiétude ; on lui demande ce dont il s'agit : il développe une assez longue liste de créanciers, & dit que son seul regret, s'il succombe, c'est de faire tort à tous ces honnêtes gens auxquels il doit. Le pere touché de tant de courage & de délicatesse, se met à le consoler lui-même, & signe un arrêté général au bas de son mémoire. *Dauc....* le fils n'ayant plus rien qui l'inquiete, s'en va fiérement chez son oncle le lendemain matin ; mais au-lieu de lui proposer de se battre, il lui fait un million d'excuses de la part de son pere, & en signe de réconciliation, il prétend être chargé de le prier à dîner pour le lundi suivant. Puis il retourne chez son pere & dit qu'il a bien su mettre son oncle à la raison, que celui-ci viendra faire ses excuses, & même demander à dîner, pour prouver qu'il n'est pas fâché. Il ne manqua pas de venir en effet comme son neveu l'avoit dit; il est vrai qu'il ne demanda pas d'excuses, mais seulement à dîner; & c'est ainsi que ce jeune homme avec plus de dépense d'esprit que de courage vint à bout de réconcilier les deux freres & de payer ses dettes.

Un riche Américain & sa femme arrivent à *Paris* & se logent dans l'un des plus considérables hôtels garnis de cette capitale, avec leurs nombreux domestiques & un grand singe dont les mœurs sont si douces, dont l'éducation qui feroit honneur à la Comtesse de G....., a été si bien soignée, qu'on lui laisse toute sa liberté & que jamais il n'en abuse. Dans cette même maison, logeoient depuis quelque temps, une jolie Dame de *Limoges* à peine âgée de seize ans & son jeune mari, couple charmant qui intéressoit tous ceux qui avoient occasion de le connoître. Le mari étoit dangereusement malade : son danger & la douleur de son épouse affligeoient toute la maison. Ces deux étrangers sensibles demanderent à le voir, furent admis auprès de son lit & leur singe les y suivit sans qu'on s'en apperçut, tant on étoit pénétré du touchant spectacle dont on s'occupoit. Chacun indiqua son remede, comme cela se pratique ; on n'en négligea aucun & le malade mourut. Le lendemain de ses funérailles, les maîtres du singe allant dîner chez le Dr. *Francklin*, leurs gens se disperserent & laisserent l'animal domestique à la garde d'un petit garçon qui l'abandonnant à lui-même alla jouer dans le voisinage. Le singe parcourt tout l'hôtel, entre dans l'appartement désert où le malade étoit mort & qu'on aëroit. Il prend quelques hardes qu'il trouve là, un bonnet, un ruban, il imite de son mieux le défunt & va se mettre dans son lit. Une femme de chambre ayant quelque chose à chercher auprès de ce lit, voit la hideuse figure, pousse un cri & s'évanouit. Un valet accourt, rappelle cette fille à la vie ; elle reprend l'usage de ses sens, pousse un nouveau cri en montrant le lit à ce valet préoccupé & dit : *l'esprit de Monsieur!* puis elle retombe sans connoissance. Le domestique s'enfuit, appelle; la jeune Dame arrive à ces clameurs, voit le bonnet de son mari, un visage affreux mais immobile, elle croit qu'on s'est permis un jeu abominable pour l'épouvanter & lui déchirer le cœur; elle ne peut que faire les gestes muets de la plus énergique indignation. Mais le visage se remue, fait des grimaces, contrefait les mouvemens de son époux malade, la frayeur est au comble & générale; on se heurte; on se précipite hors de cette chambre. Arrive le petit garçon qui craint d'être grondé & qui cherche par-tout le singe. Cet animal qui vraisemblablement s'attendoit à se voir choyé & servi comme il avoit vu que le malade l'étoit, & qui ne s'étoit couché là, selon toute apparence, que pour boire ou manger quelque chose de bon qu'on ne lui apportoit pas, se leve brusquement quitte avec dépit manteau de lit, ruban, bonnet, & avec les marques les moins équivoques d'un dessein formé, il va casser, briser tout ce qu'il peut rencontrer de porcelaine ou de faïance, dont il avoit vu qu'on usoit pour présenter ou du bouillon ou des médicamens au moribond & rejoint son gardien. La jeune Dame est encore fort incommodée de l'effet de la frayeur, sa femme de chambre en a contracté un tremblement presque universel qui dure encore malgré les meilleurs remedes; le valet bon limousin soutient qu'il a vu le Diable, & l'on s'inscrit pour voir le singe.

La Comtesse D** desiroit une maison de campagne près du Bois de Boulogne. Elle jetta les yeux sur une maison charmante, située à *Auteuil*, & appartenant à la Marquise de B** qui l'occupe avec la Comtesse *Amélie* sa fille. La Comtesse D** écrit à Mad. de B** & lui fait la proposition de lui vendre tout-à-fait ou de lui céder pour l'année, la maison en question. La Marquise D** est fort attachée à cette maison & sa fille encore davantage, cette derniere étant presque toujours d'une assez mauvaise santé. La Marquise cependant ne savoit trop comment se tirer de ce pas difficile : elle ne vouloit pas choquer une Dame si fort en faveur. Enfin la Comtesse *Amélie* se chargea de faire la réponse : elle envoya à la Comtesse D** les dix vers suivans tirés de la troisieme scene du second acte de *Britannicus*, & elle y fit les petits changemens absolument nécessaires, pour que ces vers pussent être adaptés à la circonstance.

Tout ce que vous voyez confpire à vos defirs :
Vos jours toujours fereins coulent dans les plaifirs.
La Cour en eft pour vous l'inépuifable fource,
Ou fi quelque chagrin en interrompt la courfe,
Tout Verfailles foigneux de les entretenir,
S'empreffe à l'effacer de votre fouvenir.
Mon Amélie eft feule : en l'ennui qui la preffe,
Elle ne voit qu'Auteuil & moi qui l'intéreffe,
Et n'a pour tout plaifir, que ces bois, que ces fleurs
Qui favent quelquefois adoucir fes douleurs.

La Comteffe *D*** reçut cette réponfe lorfqu'elle étoit en grande compagnie. Ah ! dit-elle en la décachetant, c'eft de Mad. de *B***, qui probablement me cede fa maifon ; puis jettant les yeux fur la lettre même : *Ce font des vers*, s'écrie-t-elle ! *quelle agréable furprife ! les femmes d'efprit ne font rien comme les autres* ; & auffi-tôt de lire rapidement cette petite piece de poéfie qui contient le refus le plus honnête. Ce refus tout honnête qu'il eft, fit tort à la poéfie. *Ah ! quels vers ;* dit-elle avec dédain, *il n'eft pas poffible d'en faire de plus mauvais*. On les lit tout haut ; & tous les affiftans de répéter qu'il n'étoit pas poffible d'en faire de plus mauvais. Tous ceux qui entroient, étoient condamnés à les lire & en bons courtifans ne manquoient pas de s'en moquer. Enfin entre la Marquife de *Voyer* : On lui montre ces vers *déteftables* (c'eft encore ainfi qu'on les appelloit) & on lui demande son sentiment. Mad. de *Voyer* n'a pas plutôt lu les trois ou quatre premiers, qu'elle regarde toute l'assemblée avec un grand étonnement & se met à leur dire : *Mais est-ce que vous êtes ici tous d'accord pour me persiffler ? Ces vers-là sont de* Racine. On n'en veut rien croire, on va chercher *Britannicus*, & on les trouve. Cette aventure fait grand bruit à la ville & à la cour. Ce qu'il y a de plaisant, c'est ce pauvre *Racine* qui en est la dupe, quoiqu'il ne soit coupable de rien. Les courtisans persistent à dire que ces vers sont détestables.

M. le Duc de *Chartres*, en se remettant à la tête de la Franc-maçonnerie françoise en a fait renaître le goût. On a vu de toutes parts des loges s'élever. Un pauvre diable qui s'imaginoit que l'objet de ces assemblées étoit de faire de l'or, eut envie d'en apprendre le secret. Il eut l'adresse de s'insinuer dans une salle où l'on tenoit loge & le courage de s'y tenir quelque temps, caché derriere une tapisserie. Un mouvement involontaire le trahit & on l'eut bientôt découvert. On lui fit une belle peur & suivant les loix on l'obligea à se faire recevoir. La cérémonie faite & après s'être beaucoup amusé de sa frayeur, les freres se cottiserent en faveur de ce malheureux & la quête lui produisit septante-cinq louis. Celui-là a bien eu le véritable secret, & son espoir d'apprendre à faire de l'or n'a pas été déçu.

On a mandé de *Metz* une aventure que l'on assure aussi vraie qu'elle paroît extraordinaire. L'exécuteur de la haute Justice de *Landau*, qui passe pour très-habile dans l'art de décoler, reçut une lettre anonyme qui l'invitoit à se rendre à un jour marqué, à la porte de *Nancy* & à se munir de son damas. Lorsqu'il fut arrivé au lieu indiqué, trois hommes armés se saisirent de lui, en l'exhortant à se laisser faire. On lui banda les yeux, on le fit entrer dans une chaise de poste. Après environ douze heures de chemin, on le conduisit dans une chambre tendue de noir & éclairée par plusieurs lampes. Là, on lui ôte son bandeau, on lui montre une personne à genoux, ayant de beaux cheveux épars & la tête enveloppée dans un sac. Il entend des gémissemens. On lui ordonne d'abattre la tête à cette personne. Il refuse, on le menace en lui mettant deux pistolets sur la gorge, il est enfin forcé d'obéir. A peine l'exécution est-elle faite, qu'on lui remet une bourse de deux cens louis ; on lui rebande les yeux, & après l'avoir promené dans la chaise de poste le même temps qu'on avoit employé à venir, on le reconduit à la porte de *Nancy* où on l'avoit pris. Il ne put découvrir de quel sexe étoit cette malheureuse victime, ni dire en quel endroit il avoit été conduit : mais il croit avoir passé le Rhin.

Au commencement du carême, un Financier poussé par un mouvement involontaire de la grace, voulut enfin se convertir. Il va à confesse & s'y accuse d'avoir acheté un abbaye pour son fils. Le Prêtre scandalisé d'une pareille simonie lui dit, qu'il ne lui donneroit point l'absolution qu'il ne se soit défait du bénéfice. Dans la semaine de Pâques, le Financier est revenu dire au confesseur, qu'il avoit exécuté ses ordres, que son fils n'avoit plus le bénéfice, qu'il s'en étoit défait, que même il l'avoit revendu juste ce qu'il lui avoit coûté, ne voulant point par délicatesse y gagner un sou.

Il est mort, il y a quelque temps, à *Paris*, un ancien Conseiller au Parlement fort vieux & fort avare. Après avoir reçu tous les secours spirituels de l'église, il voulut régler lui-même les frais de ses funérailles. Il demanda combien il lui en coûteroit pour faire fonner les cloches à fon enterrement; on lui répondit cent écus. Il trouve cette fomme exhorbitante, comme on peut bien le penfer. *Cens écus*, difoit-il, *pour une pareille bagatelle, je n'en reviens pas : je ne conçois rien aux arrangemens de l'églife : on m'a adminiftré pour rien le plus augufte de tous les facremens & l'on exige cent écus pour faire fonner de miférables cloches; c'eft bien là le cas de dire que fi ces Mefsieurs donnent* gratis *leur farine, ils vendent leur fon furieufement cher*. Ce Magiftrat avoit porté la léfine à un point fi éminent, qu'il auroit pu donner des leçons à tous les harpagons du monde. Il avoit renvoyé tous fes domeftiques & fe fervoit lui-même. Cependant il avoit encore la vanité de ne vouloir point paffer pour ce qu'il étoit. De tous les habits de livrée qu'il avoit vendus, il en avoit confervé une feule manche qu'il paffoit dans fon bras, toutes les fois qu'il vouloit jetter de l'eau par la fenêtre, afin que fes voifins ne s'apperçuffent pas qu'il étoit fans domeftiques. Si *Moliere* avoit connu un pareil trait, il n'auroit fûrement pas manqué d'en faire ufage dans fon excellente comédie de l'Avare.

On raconte que M. le Comte de *Lauraguais*, allant un matin en *chenille* dans un fiacre, fut arrêté dans un embarras à côté d'une superbe voiture où étoit M. de *B.*, Intendant de Province, avec sa femme qui est de la figure la plus désagréable. M. de *B.* dit avec hauteur au fiacre de reculer. M. de *Lauraguais* répondit avec fierté & défendit au cocher de remuer. M. de *B.* demanda excuse au Comte, sous prétexte de ne l'avoir pas d'abord apperçu. *Qu'importe ce que je suis*, dit le Comte, *qui êtes-vous ici, Monsieur, pour parler d'un ton si haut au dernier particulier?* Madame l'Intendante qui avoit jusques-là gardé le silence, s'écria que ce propos n'étoit gueres honnête pour un homme de qualité, & en disant cela elle mit la tête à la portiere. *Ah! pardon, Madame*, dit M. de Lauraguais, *si vous vous fussiez montrée plutôt, le cocher, les chevaux, moi, tout l'équipage auroient reculé.*

Le jeune *Freron* s'est fait beaucoup d'honneur par la fermeté noble & décente avec laquelle il a soutenu la vive mercuriale du Lieutenant de Police sur la maniere dont il avoit traité le comédien *Desessarts* dans ses feuilles. Les protecteurs de l'historien exigeoient du Journaliste une

une rétractation en forme d'excuses. Le magistrat fit venir *Freron* & lui ordonna d'ôter son épée : *J'aime mieux*, dit-il, *rendre mon épée que ma plume.*

On lit dans une feuille publique, le récit suivant qui peint assez bien une des classes de nos citoyens. — J'étois hier chez un de mes amis. Une femme y vint pleurer la mort de son mari soldat invalide. La scene m'a paru si plaisante qu'aussi-tôt que cette veuve fut partie, j'ai demandé une plume & j'ai transcrit mot pour mot ce qu'elle avoit dit. Mon ami qui ignoroit la mort de l'invalide, lui dit : Eh, bien ! comment se porte votre mari ? — Bien, Monsieur, bien, oh, très-bien. Le pauvre cher homme, il a été enterré hier... C'est jeudi matin qu'il me dit... J'étouffe ; — Tu étouffes, pauvre Jacques, je l'appellois quelquefois comme ça par drôlerie. Je te l'avois bien dit : c'est ton asthme. Mais pourtant respire... — Je ne peux pas. — Ah, que si ; ne fais donc pas tant le douillet ; mon Dieu, que je suis fâchée de lui avoir dit ça ! car il ne pouvoit pas. Ça le tenoit comme un plomb. Je lui fis boire la *portion de confession* d'hyacinte que le chirurgien m'avoit donnée. Ça coûtoit trente-deux sous ni plus ni moins, sans que je le lui reproche au pauvre cher homme : mais ça ne passoit pas. Quand je vis ça, je lui dis: Eh bien, Jacques, si j'envoyois chercher un Prêtre. --- Comme tu voudras. J'envoyai chercher le Prêtre, il se confessa, le pauvre cher homme. Il n'avoit pas plus de malice qu'un enfant, c'étoit tout un. Quand il fut confessé : Eh bien, vois-tu, mon mari, c'est toujours une sûreté, vois-tu ? on ne sait qui meurt ni qui vit, tu le vois. Ça ne fait ni bien, ni mal. On lui porta le bon Dieu à dix heures. Il étoit assez tranquille. Je croyois qu'il alloit s'endormir. Un petit moment après : ma femme, ma femme... -- Eh bien, que veux-tu ? -- Ah, mon Dieu, je vois les poëlons qui tournent. C'est que j'avons quelques poëlons attachés à la muraille vis-à-vis de son lit. Ah, mon Dieu, je me sauve, je cours appeller des voisins ; je reviens. Il étoit déjà mort. On ne l'auroit jamais dit ; le pauvre homme ! il n'a pas eu d'agonie. Il n'a pas fait de *frime* du tout : me voilà toute seule, sans homme. Je voyois bien qu'il n'iroit pas loin. Le jour de notre délogement qui étoit donc, il y eut mardi huit jours, il n'a jamais pu porter que quatre chaises ; encore il suoit. Il étoit fainéant, c'est vrai : mais il ne me difoit rien. Le veux-tu blanc, le veux-tu noir ? c'étoit tout un, & il faut que je rende tout à la compagnie, jufqu'à fes cravates, & j'en ai égaré deux, ou peut-être bien les a-t-il vendues, le pauvre homme, pour boire un coup d'eau-de-vie. Il n'avoit que ce défaut-là. Plus d'homme, ô ciel, ô ciel, plus d'homme ! il ne difoit pas grand'chofe, mais encore c'étoit une confolation de le voir là. Il me l'avoit toujours bien dit. Va, cet afthme me jouera quelque tour. Eh bien, vlà le tour... le vlà. Encore fi c'étoit un homme comme un autre, on diroit : mais jamais rien. Il ne m'a caffé qu'un miroir en vingt ans, encore, c'eft que je l'avois obftiné, & moi je l'appellois quelquefois grand couard, grand lâche, il ne répondoit pas plus que ce chenet. Je me le reproche bien à préfent. Eh, mon Dieu, plus d'homme ! je n'en trouverai plus un comme cela : mais ce n'eft pas tout encore, il emmenera quelqu'un de la famille, car il avoit une jambe plus longue que l'autre quand on l'a mis dans la biere. Il n'y a rien de plus fûr & certain. Adieu, Monfieur, fon enterrement m'a coûté un louis, au lieu que s'il avoit été enterré à l'hôtel, ça ne m'auroit rien coûté, & puis on n'auroit que ça, il faut bien que je lui faſſe dire quelques meſſes, car il ne me laiſſeroit pas tranquille. Adieu, Monſieur, ne m'oubliez pas, je vous en prie…. Mon ami lui donna un louis, elle fit la révérence & s'en alla. Que ne puis-je vous rendre les inflexions de voix, les geſtes, les ſoupirs, les larmes, & ces paſſages ſubits du calme aux emportemens de la douleur, dont cette femme animoit ſa converſation! cette ſcene vous paroîtroit vingt fois plus plaiſante, car pour me ſervir d'une expreſſion populaire, *c'eſt le ton qui fait la muſique*. Mais malheureuſement tout cela ne *peut pas ſe rendre ſur le papier.*

Le fameux Fermier général *Bouret* a été un jour, trouvé mort dans ſon lit. Peu de jours avant, il avoit annoncé ſa fin à ſes amis, ce qui a fait croire qu'il s'étoit empoiſonné. Avec des richeſſes immenſes il a eu le ſecret de vivre toujours dans la gêne & il étoit prêt à tomber dans la miſere; il a laiſſé cinq millions de dettes & eſt mort preſqu'inſolvable. Un faſte & un luxe dont on ne peut ſe faire d'idée, l'ont réduit là; il les pouſſoit au point d'avoir nourri une vache avec des petits poids verds à 150 livres le litron, pour pouvoir en régaler dans la primeur, une femme qui ne vivoit que de lait. Il y a de lui mille traits de cette nature.

Une petite fille très-jolie étoit prête à se marier. On ne pouvoit assez admirer son air virginal. Son prétendu soupe avec elle chez ses grands parens. Elle suppose une incommodité & se retire dans son appartement. On croit procurer à l'époux futur un avant-goût du bonheur dont il doit jouir bientôt ; on le mene auprès de sa maîtresse pour savoir par elle-même des nouvelles d'une santé qui doit intéresser un amant empressé de former le nœud conjugal. Le pere & la mere entrent les premiers, suivis du prétendu. Quel spectacle pour leurs regards : le pere laisse d'effroi tomber la lumiere. La jeune vierge étoit couchée entre deux moines........ On ne sera pas tenté de demander ce que devint l'aspirant à la couche nuptiale. La chaste Demoiselle a été enfermée à *Sainte Pelagie*, couvent où l'on soumet à une exacte clôture, les femmes un peu trop indulgentes pour leur lubricité.

Notre fameux Arlequin *Carlin* fut invité par un de ses amis à aller manger à table d'hôte. Le hasard le fit placer devant un homme qui ne s'occupoit qu'à manger

& qui ne se mêloit en rien de la conversation, quelqu'intéressante qu'elle pût être. *Carlin* devina la raison qui empêchoit ce convive de prendre part à la conversation qui avoit été fort gaie. Il prit un verre de vin & en s'inclinant d'un air riant & gracieux, lui dit tout haut; *Monsieur, allez-vous faire F*..... Tous les assistans se regarderent avec un étonnement qui fut suivi d'un grand éclat de rire, lorsque celui à qui *Carlin* s'étoit adressé, répondit fort civilement, *Monsieur, vous êtes bien poli, vous me faites bien de l'honneur.* C'étoit un sourd qui n'ayant point entendu le propos d'Arlequin, s'étoit imaginé, à l'air affable de ce dernier, qu'il lui faisoit l'honneur de boire à sa santé.

Un Cordelier alloit à pied prêcher dans un village éloigné de dix-huit lieues de cette capitale : il rencontre un jeune homme âgé tout au plus de quinze à seize ans, n'ayant point encore de barbe & d'une figure très-agréable, lequel alloit occuper une place de commis aux aides dans une ville voisine du village où le Moine alloit sermoner. Ils lient conversation & poursuivent ensemble la même route. Chemin faisant, le jeune homme se plaint de ne pouvoir changer de linge; le sien est excessivement sale, sa malle étoit partie par le coche; il apperçoit dans une prairie au bord d'une petite riviere, du linge nouvellement blanchi & étendu sur des cordes pour sécher. Il demande au Cordelier s'il ne pouvoit pas sans crime ou sans péché troquer sa chemise qui étoit toute neuve contre une de celles-là. Après avoir quelque temps réfléchi, le Moine lui dit qu'il n'y voyoit aucun inconvénient. Alors le jeune homme se déshabille, prend la chemise la plus seche & remet la sienne à la place. En la passant, il s'apperçoit que c'est une chemise de femme. Il n'y en avoit pas d'autres; & paresseux de se remettre encore nud, il se décide à la garder telle qu'elle est; nos voyageurs continuent leur route. La nuit les surprend. Ils sont obligés de s'arrêter à une auberge où il ne se trouve qu'un lit de vacant. Les deux voyageurs consentent à y coucher ensemble. Ils soupent gaiement & comme ils étoient très-fatigués, ils se mettent au lit & s'endorment tout de suite. Vers les onze heures du soir, la maîtresse de l'auberge fait sa ronde ordinaire dans les chambres, pour voir si tout est en bon ordre. Elle entre dans celle de nos voyageurs. Elle trouve le Moine qui ronfloit de toutes ses forces, & le jeune homme à ses côtés, les bras étendus, la gorge découverte, formant un contraste frappant avec le gras Franciscain. A l'air efféminé & sur-tout à la chemise du jeune compagnon, elle ne doute point que ce ne soit une fille qu'il a débauchée. Très-scandalisée de ce que sa maison sert à de pareilles intrigues, elle réveille le Moine, le tanse très-vertement, & envoie le jeune homme coucher pour plus de décence avec sa propre fille âgée de quatorze ans, très-fraîche & très-jolie. Vous devinez bien que le jeune homme ne se fit pas beaucoup prier; qu'il n'employa point toute la nuit à dormir, & que la fille de l'hôtesse s'accommoda fort bien d'une pareille compagnie; mais une chose qui a fort surpris la bonne mere, c'est qu'au bout de neuf mois sa fille qu'elle avoit toujours surveillée avec la plus scrupuleuse rigueur, accoucha d'un beau garçon.

Un Contrebandier a joué un tour plaisant à la ferme générale. Depuis plusieurs années, il sortoit de Paris en carrosse comme pour aller à une maison de campagne & revenoit tous les soirs. Alors il mettoit derriere sa voiture deux laquais habillés l'un comme l'autre. Un de ces deux laquais étoit d'ozier & creux. On le remplissoit tous les jours d'une très-grande quantité de marchandises prohibées. Lorsqu'on arrivoit à la barriere, le laquais qui n'étoit pas d'ozier descendoit, ouvroit la portiere aux commis, qui accoutumés à voir le maître de la voiture, ne se donnoient pas la peine d'examiner ce qu'elle contenoit & se contentoient d'un léger coup d'œil. Le laquais postiche restoit derriere, & l'autre, après l'examen fait ou censé fait, remontoit à son côté. Il y avoit long-temps que cet homme avoit fait heureusement ce métier-là : mais il a été découvert ayant été trahi. On a arrêté sa voiture, on l'a mis en prison & il n'en sortira pas qu'il n'ait payé une très-grosse amende.

Le célebre Abbé *Prevost* soupoit un jour avec quelques amis intimes, pareillement hommes de lettres. Après qu'on eut épuisé la politique, la littérature, l'histoire du jour, la conversation insensiblement tomba sur la morale. Un des convives avança que le plus honnête homme ne pouvoit répondre de ne jamais subir les supplices réservés aux criminels ; ajoutez, dit l'Abbé *Prevost*, ni même de les mériter. Chacun se récria sur cette derniere assertion. Oui, Messieurs, reprit l'Abbé, je vous soutiens qu'on peut très-bien avec un bon cœur, une ame droite, avoir le malheur de commettre un crime qui conduise à l'échaffaut. On dit que ce n'étoit guere possible. Messieurs, continua-t-il, vous êtes tous mes amis; je puis compter sur votre discrétion, & vous faire en toute assurance, une confidence que je n'ai encore osé faire à personne. Vous me croyez tous honnête homme ? chacun dit qu'il ne doutoit nullement de sa probité. Eh bien, poursuivit l'Abbé, je me suis pourtant rendu coupable du plus grand des forfaits, & il s'en est peu fallu que je n'aie péri de la mort la plus ignominieuse. Chacun crut d'abord qu'il plaisantoit. Rien, dit-il, n'est plus sérieux. On se regarde avec surprise. Puisqu'il faut vous le dire, moi, j'ai tué mon pere. On ne sait ce qu'on doit croire. On le presse d'expliquer cette énigme. Il poursuit son histoire ainsi. En sortant du college, je devins amoureux d'une petite voisine de mon âge : je m'en fis aimer : j'obtins tout ce que peut desirer un amant. Enfin elle ne tarda pas à porter des fruits de sa foiblesse. J'étois enivré d'amour. Je desirois d'être sans cesse à ses côtés. Je passois tout mon temps avec elle. Mes parens me pressoient de choisir un état. Je ne voulois que le plaisir d'adorer secrétement ma maîtresse. Toute autre occupation me fembloit faftidieufe: mon pere, qui conçut quelque foupçon fur les motifs de cette indifférence m'épia, me fuivit & parvint à découvrir mon intrigue. Il vint un jour chez ma maîtreffe groffe de trois ou quatre mois, dans le moment même que j'y étois. Il lui fit en ma préfence des reproches amers fur la liaifon criminelle qu'elle entretenoit avec moi. Je gardai le filence. Il lui reprocha encore qu'elle mettoit obftacle à ma fortune. Elle voulut fe juftifier. Il l'accabla d'injures; elle pleura. Je la défendis : mon pere devint furieux, & enfin s'enflamma tellement, qu'il s'oublia au point de frapper cette infortunée. Il lui donna même un coup de pied dans le ventre. Elle tomba fans connoiffance. A ce fpectacle je perdis la tête, je me jettai fur mon pere ; je le précipitai à travers l'efcalier. Cette chûte le bleffa fi dangereufement qu'il mourut le foir même. Il eut la générofité de ne me point dénoncer. On crut qu'il étoit tombé naturellement. On l'enterra & je fus fauvé par fon filence, de l'opprobre & des fupplices. Cependant, je n'en fentis pas moins toute l'énormité de ma faute. J'ai long-temps confervé une douleur morne & taciturne que rien ne pouvoit diffiper. Je réfolus d'aller dans la folitude d'un cloître ensevelir mes regrets & mon affliction, & j'embrassai l'ordre de *Clugny*. C'est peut-être à la mélancolie profonde que cette premiere erreur de ma jeunesse a répandue sur le reste de mes jours, que je dois le choix des événemens tragiques, des situations terribles, des couleurs sombres & lugubres dont sont remplis ceux que j'ai publiés. Les amis de l'Abbé écoutoient cet aveu avec une attention mêlée de surprise & d'horreur. Ils ne pouvoient se persuader que cela fût vrai. Ils s'imaginerent que l'Abbé *Prevost* voulant faire usage de ce trait dans un de ses romans, avoit essayé, en le racontant, l'impression qu'il pourroit faire. Ils lui ont plusieurs fois demandé la confirmation de cette aventure. Il a toujours persisté à leur en assurer la réalité.

Un Financier qui avoit une femme fort galante étant en tournée, elle profita de son absence pour se livrer à toutes ses fantaisies. Le dérangement de sa conduite fut si considérable qu'il vint aux oreilles de ses parens qui lui en firent des reproches; elle leur promit de changer sa façon de vivre : elle le fit seulement en apparence; elle loua une petite maison & y faisoit souvent de ces soupers libres où l'indécence regne fur le trône de la volupté. Elle avoit fur-tout un goût décidé pour le vin de champagne ; elle n'ignoroit pas que fon mari en avoit d'excellent. Comment le faire fortir de la maifon, fans mettre le maître d'hôtel dans la confidence ? un de fes amis lui fournit un expédient. Feignez, lui dit-il, d'avoir une de ces maladies auxquelles votre fexe eft malheureufement affujetti. Envoyez-moi chercher comme médecin étranger. Je ne fuis prefque point connu de vos gens, je me déguiferai & je me charge du refte. Ce qui fut dit fut fait. Le médecin eft appellé : après bien du verbiage, il demande le vin de Champagne le plus vieux & le meilleur ; il le fait bouillir avec une poudre qu'il difoit avoir beaucoup de vertus & ordonne à Madame de s'en faire tous les jours un bain. Son ordonnance eft exécutée. Le maître d'hôtel apportoit tous les matins, pour la fanté de Madame, trois bouteilles de l'excellent vin de Monfieur. La femme de chambre qui étoit dans la confidence, les envoyoit à la petite maifon ; par ce moyen on vit la fin de la cave. Le mari à fon retour donnant un grand fouper, demanda de fon bon vin de Champagne. Il n'y en a plus, lui dit-on. Comment ? reprit-il, j'en ai laiffé plus de deux cens bouteilles. Cela est vrai, répondit le maître d'hôtel en s'approchant de l'oreille de son maître, mais Madame dans sa maladie s'en servoit tous les matins pour ses propretés. Parbleu, s'écria le Financier, je ne suis plus étonné qu'il ait fait tant de sottises puisqu'il s'enivroit tous les matins.

Madame de *** mariée depuis très-peu de temps bâilloit beaucoup avec son mari. Celui-ci ayant demandé si elle s'ennuyoit avec lui. *Non, Monsieur*, répondit-elle : *mais vous & moi nous ne faisons qu'un & je m'ennuie quand je suis seule.* Il n'y a qu'une femme à qui il puisse échapper une saillie aussi naïve & en même temps aussi ingénieuse.

Le Comte de.... prétendoit se connoître parfaitement en tableaux. *De qui est ce Christ ?* lui demanda un jour le Roi, en lui montrant un superbe morceau qui représentoit N. S. sur la croix.... *Votre Majesté veut rire*, répondit le Comte, *& s'amuser à mes dépens ! --- Mais enfin, parlez donc, à quel maître l'attribuez-vous ? --- Eh, Sire, il est signé & le nom est offert aux yeux de tout le monde ; mes connoissances me sont inutiles en cette occasion, il faudroit que je fusse aveugle* *pour ne pas lire d'une lieue*, INRI. On peut juger comme toute la Cour se prit à rire. Cet exemple se renouvelle tous les jours sous mille formes différentes.

Un bon Notaire de Paris qui aime beaucoup les femmes & qui n'a aucun droit à leur plaire, même celui que donne une main libérale, cherchoit la société de celles qu'une modique rétribution rend complaisantes. On sait qu'elles sont ici en grand nombre & qu'il y a dans cette capitale une quantité de magasins où l'on vend du plaisir & des regrets cuisans à tout prix. Un jour mon vieux gaillard apperçoit une assez jolie femme à une fenêtre qu'il croit suspecte ; il monte. *Peut-on s'amuser ici, en payant*, dit-il en se présentant à la Dame ? Celle-ci, sans se déconcerter le fait asseoir. A un signe qu'elle donne, la servante va chercher le mari, il paroît. -- Monsieur, passez dans mon cabinet, c'est moi qui fais les honneurs ici.... Le pauvre Notaire voit qu'il s'est abusé & tremble pour la fin de l'aventure. -- Passez donc, M., lui dit le mari, en le poussant brusquement dans une autre piece..... Il faut s'y résoudre ; le Notaire obéit : là on lui fait, au moyen de quelques menaces, signer un billet de mille écus au porteur ; il part fort content encore d'en être quitte pour un engagement contre lequel il espere bien protester. Arrivé chez lui, sa femme lui présente son billet & lui en demande le paiement sur le champ. — Je ne puis, M., lui dit-elle, vous donner un instant de répit, ce n'est qu'à ce prix que je puis oublier les sottises que vous faites journellement. Il est trop foible encore pour la patience que j'ai de les endurer.... Si quelqu'un a jamais été surpris, c'est le Notaire de voir cet effet entre les mains de sa moitié, à laquelle la jolie & honnête femme l'avoit envoyé sur le champ. La crainte de l'éclat, l'habitude peut-être de céder, la honte, le desir d'effacer les traces de sa faute, l'emporterent sur son avarice, & le bon vieux paya sans s'amuser, ce qu'il destinoit à se procurer mille délicieux momens. Quel désespoir de consumer ainsi ce qui auroit suffi pour vingt années de plaisirs ! on dit que cette aventure l'a rendu sage par économie, quoique sa femme à ce prix lui auroit vraisemblablement tout permis.

Une femme sortie pour aller se baigner au commencement de l'été, ne reparut plus. On fit des recherches, on tira de l'eau un cadavre féminin, & quoique défiguré on crut le reconnoître : on l'enterra sous le nom de la femme qui se trouvoit perdue. L'homme veuf vient de mourir sans enfans; une femme se présente & se prétend la sienne : elle réclame en cette qualité l'effet d'un don mutuel par contrat de mariage. Elle est tellement changée que personne ne la reconnoît. On voit qu'elle vient d'avoir la petite vérole. Rien n'est plus difficile à juger que cette cause, dont nos tribunaux vont retentir. Il s'agit d'une fortune considérable sur laquelle des collatéraux avides avoient déjà jetté les yeux. La mort de cette femme qui reparoît, semble constatée par les registres de sépulture & les témoins qui les ont souscrits, cependant beaucoup d'honnêtes gens ne doutent point que celle qui se présente ne soit la véritable.

Un Militaire fils de M. de *Café*, Fermier général, s'est battu en duel au pistolet avec le fils de M. de la *Reyniere*, aussi Fermier général, & voici pourquoi. M. de la *Reyniere* étant au parterre de l'Opéra, à une des dernieres représentations *d'Armide*, se sentit extrêmement pressé par la foule. *Qui est-ce donc*, s'écria-t-il, *qui pousse de cette maniere ? c'est sans doute quelque garçon perruquier.* M. de *Café* qui étoit là lui répondit : *c'est moi qui pousse, donne-moi ton adresse, j'irai demain te donner un coup de peigne.* Le lendemain ils se sont joints, se sont rendus aux champs élisées, &, en plein jour, devant plus de trois mille personnes, ils se sont battus au pistolet. Le Militaire a été la victime de ce combat, un coup de pistolet lui a crevé les yeux & labouré la tête ; il n'est pourtant mort que quelques heures après.

Un de nos jolis hommes, qu'un grand mérite, c'est-à-dire, l'art de plaire par mille riens charmans & toutes les frivolités à la mode, avoit fait parvenir à une place éminente, lassoit depuis un an la persévérance d'un jeune homme auquel il avoit promis un emploi. Un beau jour le solliciteur réussit à faire lire un placet à son protecteur. Celui-ci le trouva si bien fait qu'il lui demanda qui en étoit l'auteur. C'est moi, M., répondit très-humblement le jeune homme, & je l'ai mis en vers pour vous le présenter dans le cas où vous préféreriez la poésie à la prose. A ces mots le front du patron se dérida. Voyons, lui dit-il, & après avoir lu : Diable! s'écriat-il, il y a de l'imagination dans ces vers, je voudrois les avoir faits. M., dit le postulant, je les ai mis aussi en musique. Cela est si curieux, répond l'homme en place, que je veux le voir. -- Je ferai plus, M., faites-moi donner un violon & je les jouerai. La proposition fut acceptée ; le mémoire fut joué & l'on en fut enchanté. -- Ce n'est pas tout, M., reprit encore le jeune homme, si vous vouliez vous donner la peine de prendre le violon, car je sais que vous êtes grand musicien, je vous le danserai. Cela parut si plaisant au protecteur qu'il joua aussi le mémoire pendant que le suppliant le dansoit. Après cette espece de comédie, il lui sauta au cou. -- Vous êtes un homme unique, lui dit-il, je vous fais mon secretaire & dès demain vous entrerez en fonctions ; je vous donne de plus la place de chef dans tous mes bureaux..... L'homme qui savoit faire des vers & de la musique, danser & jouer du violon, & pas un mot de la besogne qu'on lui confioit, fit le chemin le plus rapide.

Un Avocat qui plaidoit pour l'état d'un garçon en bas âge, le fit trouver à l'audience. Dans la péroraison de son plaidoyer qui fut assez touchante, il s'apperçut que toute l'assemblée étoit émue, &

pour déterminer plus sûrement les larmes, il prit entre ses bras l'enfant qui se mit à pleurer & à crier de son mieux. Tout l'auditoire vivement touché s'intéressoit au sort de cette victime. Mais l'Avocat adverse s'avisa de demander à l'enfant ce qu'il avoit pour pleurer si fort. -- *Il me pince*, repartit le petit innocent; alors tous les spectateurs qui pleuroient, se mirent à rire & à huer l'orateur qui avoit employé, pour les séduire, une aussi méprisable supercherie.

Un homme qui vient d'obtenir une place considérable la doit à un événement assez singulier où il a fait preuve de cette industrie & de cette hardiesse qui ont presque toujours été couronnées du succès. Sans fortune & sans considération, quoiqu'il en méritât peut-être, parce que l'une est la suite de l'autre, il sollicitoit depuis long-temps un protecteur en sous-ordre qui lui avoit fait de belles offres, pour qu'il le présentât à M. le Duc de***, duquel dépendoit la place en question. Un jour, il rencontre le Duc dans une promenade publique; il l'accoste d'un grand coup sur l'épaule & d'un *Bon jour, mon ami*.... Le Duc se retourne; mon homme d'un air surpris s'étend en humbles excuses

& semble *anéanti* : feignant de revenir à lui, il supplie le Duc qui vouloit continuer sa marche, d'écouter sa justification; il l'avoit pris pour M. *D**** qu'il étoit très-empressé de rencontrer, parce qu'il lui avoit promis de le présenter le jour même à M. le Duc de***. *Mais*, reprend le Seigneur, *ce Duc de***, c'est moi.* Nouvelles protestations de regrets, de confusion, &c. -- *Eh bien, que me vouliez-vous? pour quel objet desiriez-vous de m'être présenté?* -- *Ah, M. le Duc, je ne dois m'occuper en ce moment qu'à obtenir la grace de mon étourderie; je n'ai plus rien à demander à M. D*** que de vous supplier de la pardonner.* -- *Parlez, à quoi puis-je vous être bon?* Enfin, après quelques façons, mon homme ravi du succès de son stratagême, présente sa requête au Duc & profite des dispositions où la singularité de l'aventure l'avoit mis, pour l'intéresser en sa faveur. Le Seigneur accueille sa demande, lui promet de s'en occuper & l'invite à dîner pour le lendemain. Mon homme ne manque pas de s'y rendre; la premiere personne qu'il rencontre chez M. le Duc est M. *D****, le même qui avoit éludé de le présenter, & dont il avoit si adroitement employé la protection malgré lui-même; il lui raconte tout ; M. *D**** ne peut pas reculer, & est forcé d'aller à la rencontre du Duc qui arrive un instant après, & de lui demander ses bontés pour le solliciteur. *Vous venez trop tard*, lui répond le Seigneur, *M. ne doit qu'à lui-même ce qu'il desiroit obtenir, il peut passer à mon secretariat, on expédie le brevet.* Après le dîner mon homme en effet retire ses patentes, & l'on ne doute pas qu'une imagination aussi heureuse ne le mene fort loin.

Le Domestique du Marquis *de la Salle* étoit marié depuis peu, & n'en conservoit pas moins ses assiduités auprès d'une ancienne connoissance, qu'il avoit su rendre l'amie de sa femme. Comme sur ces sortes de mysteres, les femmes sont clairvoyantes, leurs soupçons les conduisent bientôt à la conviction qu'elles craignent : ce n'est pas qu'elles voyent toujours la vérité, mais leurs oreilles sont subtiles, & la calomnie s'y grave facilement. Celle-ci devint furieuse, en apprenant les fredaines de son mari. Une femme n'eût rien avoué ; c'est-là le grand, le seul chapitre de leur discrétion : lui bonnement se déclara coupable & promit de ne rien distraire à l'avenir, du devoir conjugal. *Promettre & tenir sont deux*, il revit de très-près le fruit défendu ; sa femme l'apprit encore, & de ce moment jura la perte des coupables. Elle modéra pourtant les effets de sa vengeance, & ne s'attacha qu'à punir *la partie pécheresse* de l'un & de l'autre. Pour y parvenir, elle feignit d'ignorer la continuation de leurs familiarités ; elle attira chez elle la favorite de son époux, & profita d'une visite qu'elle en reçut dans l'abscence de son mari, pour lui jouer sa petite piece. Elle s'étoit munie de cordes, & s'y prit de telle maniere qu'elle parvint à garotter la donzelle, dont elle prolongea les douleurs, en lui ôtant brin à brin, non pas ce qui environne les yeux, mais autre chose.... Après l'avoir ainsi humiliée & fustigée, elle la chassa honteusement. Quand au mari, son traitement a été un peu plus sérieux. Ignorant la scene qui venoit de se passer, il entre tranquillement & jouit de la sécurité que lui devoient inspirer les caresses perfides de sa femme ; la nuit vient, il se couche : la femme prétexte quelque besoin, & passe dans une chambre voisine. C'est là qu'à l'exemple de *Canidie* elle compose sa mixtion infernale, de plomb, d'huile & de résine, la met en fusion sur le fourneau, & profite du sommeil de son mari pour suppléer, par cette aspersion balsamique, à ce qu'on appelle amputation.

Jugez des cris du malheureux : jugez surtout du caractere de cette petite race vindicative.

Les cérémonies nocturnes de *Noël* ont souvent servi d'époques à des scenes scandaleuses. L'église de *S. Roch*, qui paroissoit être le rendez-vous de nos *Ribauds* & de nos *Catins*, a enfin cessé d'être le théâtre de mille horreurs, depuis que le fameux *Balbâtre* n'y fait plus raisonner sur l'orgue sa brillante harmonie : mais les filouteries ont succédé aux indécences, & celle que l'on a faites dans l'église *S. Sulpice* est aussi plaisante que hardie. Le Curé faisoit la quête, suivant l'usage, précédé d'un suisse & suivi d'une sœur. Un groupe de bons apôtres, rassemblés comme par hasard, serrent M. le Curé, l'embrassent & le font trébucher au point qu'il laisse tomber sa bourse. Chacun paroît animé d'un saint zele pour ramasser les écus de M. le Curé ; la sœur quêteuse qui le suivoit se baisse également pour aider. Un malin saisit le temps, & lui glisse sa main sur la cuisse. Elle fait un cri, & laisse aussi tomber sa bourse. Le drôle s'y attendoit, il la saisit & s'enfuit. Cette scene excite de la fermentation ; chacun des filoux en profite pour s'évader, emportant

tant avec lui les écus qu'il avoit glanés sur M. le Curé.

Extrait d'une Lettre écrite du Château de Ham *en* Picardie*, le 22 Mars 1781.*

.... En 1753 ou 1754, on a amené au château de cette Ville, en vertu d'un ordre du Roi, M. le Comte de *Lautrec*, Capitaine de Dragons. Il a été depuis ce temps enfermé dans un cachot obscur, privé de feu & de lumiere, de tout vêtement même, à l'exception d'une mauvaise redingote qui lui couvroit à-peu-près la moitié du corps, & d'ailleurs déchirée & mangée par les rats qui ont jusqu'à présent partagé la mauvaise nourriture qu'on lui donnoit. Ce gentilhomme est resté pendant ving-huit ans dans cet état d'abomination & d'horreur ; quelqu'un l'y a été voir. Des rats très-gros étoient couchés avec lui dans l'espece de lit sur lequel il prenoit son repos ; comme il étoit un être étranger pour eux, ils se sont dispersés dans différens coins du cachot, aussi-tôt qu'il y fut entré. Il balançoit à reconnoître le malheureux Comte de *Lautrec* pour appartenir à l'espece humaine, une barbe d'une grandeur énorme mêlée avec sa chevelure, infectée des ordures des animaux qui par-

Tome II. E

tageoient fa retraite, couvroient une portion de fon bufte. Ces ordures répandoient dans le cachot une odeur fuffoquante. M. le Comte de *Lautrec* paroiffoit deftiné à finir fes jours dans cet état; mais Madame *Necker* en ayant été informée par M. le Marquis de *Beaudan-Paraber*, qui en a eu connoiffance, elle a obtenu de S. M. qu'il foit envoyé à *Ham*, un Commiffaire à l'effet de vérifier fi l'état de M. de *Lautrec* étoit tel qu'on le lui avoit peint. Le choix eft tombé fur M. le *Blanc*, fubdélégué de l'intendance de *Soiffons*: il a rempli fa miffion, & fur le compte qu'il en a rendu, Mad. *Necker* a obtenu de S. M. une augmentation de 600 liv. à la penfion de 360 liv. qui étoit payée par Elle pour M. de *Lautrec*. Il a été en même temps envoyé des ordres à l'Etat-Major, de le faire habiller & nourrir convenablement, & de le laiffer promener dans le château.

Il fe trouvoit à *Nemours* un fuppôt de notre finance, qui a, dit-on, le fecret d'enlever l'écriture de façon qu'une vieille lettre de change acquittée, qui paffe par fes mains, y devient un blanc-feing dont il fait l'ufage qu'il lui plaît. C'eft un très-beau fecret dans la fpéculation fans doute, mais la pratique en est dangereuse dans ce pays où l'on ne laisse guere les grands talens sans récompense, sur-tout ceux dont les échaffauds sont destinés à faire éclater le triomphe. Un autre secret dont on prétend que le même homme se sert utilement, c'est de fabriquer une encre qui disparoît totalement au bout de quelques jours. Rien n'est plus commode que cette invention ; on fait des billets qui s'acquittent d'eux-mêmes ; l'homme qui additionne le soir, la valeur de son porte-feuille, n'y trouve plus le lendemain que des coupons de papier blanc. L'usage de cette encre, ne sera pas, à ce qu'on assure, entiérement proscrit ; il sera réservé pour les billets doux & les lettres d'amour. Au reste, on est allé en cérémonie prier *de par le Roi*, le possesseur de ces merveilleuses recettes, de se rendre en prison.

M. *Linguet* vit entrer dans sa chambre, peu de jours après son arrivée à la *Bastille*, un grand homme sec qui lui donna quelque frayeur. Il lui demanda qui il étoit. — *Je suis*, répondit l'inconnu, *le Barbier de la Bastille*. — *Parbleu*, repliqua brusquement *Linguet, vous auriez bien dû la raser.*

Il s'est fait un jour une gageure fort singuliere. Un jeune homme nommé *D'Orval*, étoit au café de ***, lorsqu'il vint à passer dans une brouette, un autre jeune homme paré, & dont le visage annonçoit une santé florissante. Il faisoit beau, assez sec ; *D'Orval* se scandalisa de voir par un tel temps, un jeune homme bien portant se faire traîner en brouette. Voilà qui est impertinent, dit-il à son voisin qui se mit à rire de son observation.... Personne, dit celui-ci, n'a le droit de s'en formaliser. Qui pourroit empêcher cet homme-là d'aller en brouette ? Parbleu, moi, reprit *D'Orval*, car je suis piqué ; & je le parie. Ah ! la bonne folie, s'écria l'autre en éclatant de rire. *D'Orval* insista, & à la fin son pari fut tenu. Il court sur le champ à la brouette, la fait arrêter, & s'adressant au jeune homme : Pardon, Monsieur, lui dit-il, si je vous interromps ; mais permettez-moi de vous observer qu'il est bien singulier qu'à votre âge, par le temps qu'il fait, & avec votre santé, vous vous fassiez traîner en brouette. Permettez-moi, Monsieur, répondit le jeune homme fort étonné, de vous observer à mon tour qu'il est bien plus étrange que vous fassiez cette observation. -- C'est qu'en vérité cela est bizarre. -- Bizarre, ou non, repliqua le jeune homme un peu impatienté, vous voudrez bien que je continue; & tout en parlant se difposoit à pourfuivre fon chemin ; mais *D'Orval* s'y oppofant : Non, Monfieur, je ne peux pas prendre fur moi de vous voir en brouette par ce temps-là ; & je ne le fouffrirai point. -- Vous ne le fouffrirez point ? -- Non, abfolument je ne le fouffrirai point.... Nos deux têtes s'échauffent. Le jeune homme fort de fa brouette ; le fer brille auffi-tôt ; & *D'Orval* reçoit un bon coup d'épée. Monfieur, dit alors *D'Orval* au jeune homme, vous êtes trop honnête affurément pour aller en brouette, vous qui vous portez fi bien, & me laiffer à pied quand je fuis bleffé. A ces mots, il entre dans la brouette, fe fait conduire chez lui, & gagne fon pari.

Pendant un féjour de la Cour à *Marly*, deux Seigneurs s'étant égarés à la chaffe, entrent dans une chaumiere où ils trouvent une vieille femme dont le langage & le maintien femblent leur annoncer une perfonne au-deffus du commun. Revenus au château, ils en parlent aux Dames de la Cour. Cette aventure préfentée fous des couleurs romanefques, excite une vive curiofité. Le lendemain Mad. de *Laval* &

Mad. de *Luynes* veulent voir la bonne femme : elles vont lui demander des œufs frais. On la questionne ; elle raconte que depuis vingt ans, elle vit dans cette retraite sans avoir aucun commerce avec les autres habitans du hameau ; que le produit de sa vache & de ses poules fournit suffisamment à sa subsistance. Nos belles Dames essayent en vain d'arracher à la vieille, un secret qu'elle n'a peut-être pas : elles payent six francs pour les œufs & se retirent. D'autres reviennent : toujours même curiosité d'une part, même réserve de l'autre, & des œufs frais qu'on paie six francs. On ignore encore qui est cette vieille : les gens du village la disent Protestante ; elle part tous les samedis au soir pour aller à *Versailles*, d'où elle revient dans sa chaumiere le lundi matin.

Une Demoiselle de condition qui se trouve aujourd'hui en *Hollande*, dans l'infortune après un mariage malheureux, tire sur M. *le Voyer d'Argenson*, une lettre de change de 1200 liv. & recommande que l'on présente cet effet à lui seul. Le porteur demande à lui parler, en le prévenant que c'est sans doute une bonne œuvre qu'on lui donne occasion de faire. M. *Voyer* sans dire un mot, prend la lettre de change, la paie, la déchire & la jette au feu.

Un bon Bourgeois ayant à la vérité une perruque quarrée, se promenoit sur le Boulevard, portant un enfant dans ses bras. Une jeune femme accompagnée d'un Cavalier passe ; ils rient assez légérement de cette bonhommie, car d'autres temps, d'autres mœurs ! Mon homme apperçoit un barbet que la Dame porte complaisamment, s'arrête & lui dit froidement : *Madame, vous portez votre chien, moi je porte mon fils.*

Un homme de la Cour est mort d'une maladie de langueur qui n'a jamais été bien connue. La famille s'est déterminée à le faire ouvrir. Tandis que les chirurgiens opéroient sur le cadavre près d'une fenêtre, & au moment qu'ils venoient de faire les premieres incisions, le tonnerre tombe & enflamme les vapeurs qui en sortoient : les opérateurs avoient à peine entendu le coup ; la frayeur les saisit ; ils tombent à la renverse & ne recouvrent l'usage de leurs sens que pour éprouver de nouvelles impressions de terreur, causées par des réflexions peu philosophiques sans doute, mais qui, dans un autre siecle, eussent donné à cette aventure toute naturelle, une importance qu'elle n'a pas eue cette fois.

Un Cordonnier de la rue *S. Benoît* a démontré les heureux effets du Bel-esprit contre le suicide. Il avoit une *maîtresse-femme*, dans son style, une fille *un peu trop fringante* & un fils *bien planté & à peindre*. La maison étoit entièrement dirigée par cette *maîtresse-femme* & le premier compagnon. Le fils étoit en apprentissage chez un marchand de cuir, *car il faut*, disoit le pere, *pousser ses enfans le plus qu'on peut*. La fille n'étoit nullement surveillée par une mere qui étoit trop *occupée ailleurs*. Le pere un peu avare avoit grand soin de compter tous les soirs ses chers écus qu'il avoit cachés dans sa chambre. Il alloit dans la matinée prendre quelques mesures, rendre quelques souliers de femmes en ville, & le reste du jour, sur-tout la soirée, il les passoit hors de chez lui avec des amis choisis qui aimoient autant que lui la littérature. Là on disputoit sans cesse, *pour s'éguiser l'esprit*, sur mille choses fort sublimes, car on n'y avoit jamais rien compris; & ces instructives séances, à l'aide de quelques bouteilles de vin, se prolongeoient assez avant dans la nuit. Un jour en rentrant chez lui vers minuit, il trouve le plus jeune apprentif qui l'attendoit seul & il apprit de cet enfant que sa *maîtresse-femme* étoit partie avec le premier compagnon, que la *fringante* fille avoit été *ramassée* par la police pour avoir à une heure indue fait de tendres invitations aux passans, & que son fils *à peindre* s'étoit *engagé* le jour même. Quels coups de foudre pour cet homme ! il court vîte dans sa chambre.... Ah ! c'est bien pis que tout cela pour son cœur sensible !.... Son argent lui a été enlevé. Le jeune garçon après avoir allumé la chandelle de son triste maître, va se coucher, car il ne voyoit là rien qui dût l'empêcher de céder au sommeil. Le pere délaissé, tout hors de lui, marche à grands pas dans sa chambre, ébranle tous les planchers, fait frémir toutes les vitres, se démene en furieux ; enfin il prend un parti violent, extrême, il veut se tuer. Il va chercher un tranchet. Au moment où il alloit se couper la gorge, il réfléchit que depuis que *la mode* de se tuer regne à Paris, presque tous ceux qui l'ont fait ont consigné sur le papier leurs raisons & l'acte lui-même pour prévenir toutes poursuites de la justice contre des innocens. Il est trop éclairé en *morale civile* pour n'avoir pas cent fois dans sa société applaudi à une pareille précaution. Ne voulant pas y manquer, il pose le tranchet, prend la plume & écrit :

Qu'on n'accuse personne de ma mort. C'est moi-même qui me suis tué dans un accès de la plus juste fureur ; oui, du plus juste chagrin que jamais *Bourgeois de Paris* ait ressenti ; car, comme dit fort bien *Moliere* :

Quand on a tout perdu, quand on est sans espoir,
La vie est un opprobre & la mort un devoir.

A peine a-t-il achevé d'écrire qu'il lui vient un doute. Est-ce bien *Moliere* ? ne seroit-ce pas *J. J. Rousseau*, car celui-là aussi étoit un grand philosophe ? Dans cette indécision & pour ne pas déshonorer sa savante coterie par une faute capitale, il remet à s'éclaircir *finement* là-dessus le lendemain, sans changer de dessein & sans se compromettre. Dès qu'il put sortir, il réunit ses amis, proposa sa grave question. L'un dit que c'étoit *Corneille* dans son *Tartuffe*, l'autre M. *Marmontel*, parce qu'il étoit une de ses pratiques ; un troisieme dit que c'étoit sûrement dans quelqu'*Opéra Bouffon*. Les opinions étant si partagées, on a d'une commune voix remis l'affaire à huitaine & chacun doit aller aux informations. Le Cordonnier en attendant a trouvé, en y réfléchissant *en philosophe*, que sa *maîtresse-femme* le débarrassoit d'un lourd fardeau, que du temps & du travail lui rendroient ses 800 écus, & que son fils étoit un soldat *bien planté & à peindre*, qui avoit l'inestimable honneur de servir notre bon Roi.

M. *de S. Julien*, fils du fameux Receveur-général du clergé, est mort à l'âge de trente ans, universellement regretté. Il a pressenti l'effet d'une saignée qui a précédé sa derniere heure : *Assassinez-moi donc, puisque vous le voulez*, a-t-il dit en tendant le bras. Le fameux *Bouvard* étoit son médecin.

Le fils d'un ancien tailleur de cette capitale, élevé dans une sorte d'aisance & de luxe, ne trouvant plus les mêmes ressources dans la maison paternelle, s'étoit insensiblement fait un besoin d'escroquer pour soutenir ses plaisirs & sa parure. Il alloit manger depuis quelque temps assez fréquemment chez un traiteur nommé *Meunier*, & avoit eu la bonne fortune d'y enlever *incognito* plusieurs couverts d'argent. Le traiteur, ne sachant à qui s'en prendre, en prévint un inspecteur de police qui mit des *mouches* dans la salle à manger. L'élégant *tailleur* arrivant un de ces jours derniers comme à son ordinaire, l'épée *à travers le corps*, un gros manchon sur la poitrine, s'empare d'une petite table qui étoit dans un coin, s'assied auprès & demande à dîner. La servante lui apporte un couvert : retardée par le service, elle differe quelque temps à servir cet homme. Il l'appelle derechef : elle lui présente enfin un potage. — Un couvert, étourdie que vous êtes!..... La fille n'osant repliquer, croit avoir oublié & lui rapporte un second couvert. Il transvase sa soupe dans une assiette, met adroitement l'écuelle d'argent dans son manchon & mange tranquillement. Cela fait, il appelle la fille ; elle paroît. *Quoi*, lui dit-il, *vous emportez mon écuelle & ne m'apportez pas de bouilli ? vous êtes une grande étourdie !* Troublée par le cahos d'un monde prodigieux, cette fille ne replique qu'en bégayant & va chercher le bouilli de M.; mais tout ce petit manege n'étoit pas tellement fait avec dextérité, que les *mouchards* ne l'eussent vu d'un bout à l'autre. L'un d'eux va trouver le traiteur: *Nous tenons votre homme*, lui dit-il, *le voilà dans ce coin*. Le tailleur est accusé hautement ; il veut nier, mais l'un des *mouchards* lui sautant au collet, fouille dans sa poche d'où il retire le couvert, tandis qu'un autre lui prenant son manchon, en fait tomber la fatale écuelle. Confondu, hors de lui-même, ne voyant plus de ressource, il est assez heureux pour pouvoir ôter son épée dont il se donne trois coups dans le corps. On le porte chez un Commissaire, d'où après avoir été pansé, on l'a conduit au *Châtelet*. On ne doute pas, s'il en revient, qu'il n'aille traîner le boulet à *Toulon* ou à *Brest* pour ses escroqueries ; ou que s'il en meurt, il ne soit traîné sur la claie comme suicide. Quelque soit la juste tolérance avec laquelle on traite aujourd'hui ce crime de leze-société, celui-ci, relativement à l'individu, est de nature à paroître mériter la sévérité de la loi.

On lit le paragraphe suivant dans un Journal fort répandu.

„ Le lundi 5 Novembre 1781 au matin, dans le couvent des Capucins-mineurs de *Cenzano*, deux de leurs plus vénérables Peres furent sommés de dire vérité, quoique sans formalité d'examen. Et dans leur étroite, mal arrangée, & poudreuse bibliotheque, après les plus exactes recherches, on ne trouva point le livre prophétique & astrologique prohibé depuis deux mois à son de trompe. Les deux Moines convinrent cependant que ce livre y avoit été pendant plusieurs années, mais négligé & abandonné, & ils affirmerent par serment qu'il n'y étoit plus & protesterent que ce livre ne méritoit aucune créance, qu'il étoit indigne d'être lu par tout homme doué de religion, de raison & de bon sens; qu'ils remercioient Dieu de ce que ce livre avoit disparu, ne doutant point qu'il n'eût été emporté du couvent, parce que depuis deux mois ils avoient été obligés de le laisser lire à divers curieux & fanatiques; que ce livre appartenant au couvent, ils ne pouvoient pas le donner à lire au dehors, attendu l'excommunication lancée contre le cloître, si on l'en laissoit sortir, & que si l'Esprit d'en-haut ne leur avoit pas défendu de le brûler, ils l'auroient réduit en cendres, d'autant qu'il contenoit des choses désagréables à l'église & offensantes pour les Princes; en raison de quoi ils en détestoient le contenu. Malgré ces protestations plus politiques que chrétiennes, on continua tranquillement le procès-verbal, & l'on apprit que depuis peu de jours ce livre qui étoit dans la chambre d'un frere visiteur ne s'y étoit plus trouvé après son départ;

d'où l'on conclut que le pere *Edouard Ralkenfpurg*, miniftre général des Capucins mineurs à Rome l'avoit envoyé prendre par un des freres officians de fon généralat, & qu'il devoit maintenant être entre fes mains.

Continuant avec douceur les interrogations, on apprit que cet ouvrage depuis long-temps célebre, eft le recueil des prophéties de *Michel Noftradamus*, médecin, aftronome françois, imprimé peut-être à la fin du XVe. fiecle, écrit dans fon langage primitif, c'eft-à-dire l'idiôme gaulois de ce temps-là, tel qu'il fut publié par l'auteur, avec les noms en chiffres des fujets qui dans les temps poftérieurs dévoient avoir part aux événemens.

Par exemple, on y prédit le miniftere du Cardinal *Mazarin*. Le nom *Mazarin* eft écrit au rebours *Nirazam*. Méthode qu'il faut fuivre en lifant les autres noms inintelligibles.

Cet antique volume eft enrichi de notes, d'obfervations, d'interprétations des fens obfcurs. Toutes ces annotations & additions font en partie imprimées, en partie manufcrites, avec des additions dans les idiômes françois moderne, latin & tofcan. Ces additions manufcrites le rendent précieux; il a coûté beaucoup de travail & d'application à un érudit, religieux capucin appellé *Palatin le Philosophe*, qui avoit voyagé en France & s'étoit rendu expert dans l'intelligence, non-seulement du moderne, mais encore de l'ancien idiôme françois.

Ces vénérables peres pressés de raconter quelques fragmens relatifs à l'accomplissement des prédictions qui font tant de bruit depuis deux mois, ont appris que *Nostradamus* avoit prédit la suppression de l'institut des Jésuites pour l'année 1773, & plusieurs événemens arrivés dans l'église depuis lors jusqu'à ce jour.

Il prédit clairement que l'église perdra son autorité.

Que la France souffrira, & que ses plus grands malheurs tomberont sur la Bourgogne, après quoi les Puissances de l'Est & du Nord feront entre elles une étroite alliance, contre quiconque s'opposera à elle.

Cette alliance sera suivie d'une guerre qui désolera la France & l'Italie.

Le Pape sera entiérement dépouillé de ses domaines temporels.

Ensuite les ecclésiastiques & les réguliers de quelque classe & ordre que ce soit, recevront des Puissances laïques leur subsistance alimentaire, leurs vêtemens &

le pur nécessaire pour l'entretien du ministere de Dieu, des ames & du culte dans les temples qui lui sont dédiés.

Tellement que tous leurs biens seront anéantis, ainsi que toutes les communautés & les ordres réguliers, à la réserve d'un seul, auquel il sera prescrit de vivre suivant les regles de la plus stricte observance des anciens moines.

Par une suite de ces funestes calamités le Pape cessera de vivre.

Il résultera de ces grandes pertes que l'église de *Jesus-Christ* tombera dans une affreuse anarchie, parce que par l'influence des trois Puissances, trois élections auront lieu dans le même temps, savoir d'un Italien, d'un Allemand & d'un Grec.

Ensuite il s'élevera des querelles très-vives entre les Puissances alliées de l'Est & du Nord.

En attendant se fera l'élection du Chef de l'église, du légitime Pape romain. Il portera un nom angélique, & sera tiré de l'ordre des moines non éteints. Ce sera un sujet tellement pieux, savant & de mœurs si exemplaires, que sous lui l'église recouvrera sa pureté, sa simplicité & son innocence primitive, pour son édification & l'instruction du clergé & du peuple.

On fixera un revenu suffisant & honorable au Pape pour son entretien; ainsi & dans une juste proportion aux évêques & à toutes les classes du Clergé. On verra le Pape & tous les autres dignitaires ecclésiastiques dépouillés de toute pompe mondaine; & vivre, comme vivoit anciennement tout le Clergé, suivant la discipline primitive.

Le saint Pere expédiera douze hommes apostoliques tirés de son couvent d'institut régulier non éteint, pour aller en mission dans les quatre parties du Globe, & ils auront le don de convertir tout le monde à la foi catholique, apostolique & romaine, excepté les perfides Juifs réservés à la consommation des siecles.

Le texte imprimé, les notes manuscrites en latin & en toscan disent que tout cela arrivera depuis l'année 1780 jusqu'en 1792.

Protestation.

Vera fuit existentia voluminis in Cynthiano :
Nulla fides habenda predictionibus.

Un caporal condamné à mort à *Dublin*, voulut, *dit-on*, mander à sa femme cette triste nouvelle. Il écrivoit le jeudi; or comme il devoit être exécuté le lendemain & que sa femme ne devoit recevoir sa lettre que le samedi, il songea qu'il valoit mieux lui mander ce qui seroit vrai ce jour-là, que ce qui étoit vrai le jour qu'il écrivoit. Ainsi il lui envoya la lettre suivante.

Ma chere femme, après t'avoir souhaité une santé aussi bonne que la mienne l'est quant à présent, je te dirai que j'ai été pendu hier entre onze heures & midi. J'ai fait, grace au ciel, une assez belle mort, & j'ai eu le plaisir de voir que toute l'assemblée me plaignoit. Souviens-toi de moi & fais-en ressouvenir mes pauvres enfans qui n'ont plus de pere. Ton affectionné mari jusqu'à la mort.

Malgré toutes les précautions de ce bon homme pour écrire au juste ce qui en étoit, sa nouvelle se trouva fausse, car il eut sa grace. Il ne fut pas aussi exact à en instruire sa chere moitié; celle-ci s'étoit hâtée de se remarier, & le bon caporal ne crut pas devoir protester contre ce mariage, ayant fourni lui-même son certificat de mort signé de sa propre main.

Le Comte de *Lauraguais*, après avoir vécu pendant quelques années avec la Dlle. *Arnoult*, lui a fait 20,000 liv. de rente. Il s'ennuya un jour de trouver sans cesse le Prince d'*H****** chez sa maîtresse, qui s'en disoit elle-même obsédée. Pour l'éloigner, il s'avisa de présenter à divers médecins, une consultation tendant à savoir si l'on pouvoit mourir d'ennui. Plusieurs ont signé l'affirmative. Muni de cette piece, le Comte est allé trouver de fameux avocats, pour décider si, d'après le danger de mourir d'ennui, une femme n'étoit pas en droit de chasser de chez elle un homme qui la faisoit bâiller à chaque instant du jour. Deux avocats ont conclu également par écrit que l'expulsion en pareil cas seroit juste & naturelle. Les deux consultations ont été ensuite adressées au Prince de la part du Comte; & celui-là furieux l'a sur le champ appellé en duel; ils se sont battus, & le Prince a continué ses visites chez l'actrice.

Un conseiller à un *Conseil-supérieur* de Normandie étoit inaccessible à une des parties dans une affaire dont il étoit le rapporteur. Il s'agissoit d'un courant d'eau dont la jouissance étoit contestée. Le plaideur parvint cependant un jour à joindre le magistrat. — M., je vous prie de me faire la grace de m'entendre; je me nomme *un tel*. — M., je n'entends personne, j'ai vos pieces & cela me suffit. — Mais, M., deux mots, je vous le demande insramment! --- Non, M., je ne vous écoute pas. --- Mais vous permettrez bien, M., que je vous fasse un petit mémoire instructif? --- Non, M., je n'en ai pas besoin. --- Enfin, M., puisque vous ne voulez ni me lire ni m'entendre, permettez au moins que je vous fasse à l'instant un plan de mes possessions, afin de vous rendre la chose plus palpable.... En même temps le plaideur s'approche de la cheminée, & tirant de sa poche une poignée de louis d'or, dont il forme sur la tablette une ligne horisontale, il dit : *Voici la façade de ma maison;* puis décrivant avec le même crayon un grand cercle; *Ceci est mon colombier....* --- Ah, je commence à comprendre, dit le conseiller, mais n'y a-t-il rien de l'autre côté? --- *Oh, pardonnez-moi, M.!....* Il prend le bonnet quarré du Rapporteur, le place à l'autre extrêmité de la cheminée, & traçant une nouvelle ligne de louis aboutissant à ce Bonnet, il y répand en même temps une poignée toute pleine. --- Mais, M., ceci m'embrouille, je n'entends plus rien à votre plan; qu'est-ce que cela signifie? --- *Ah, M., ne voyez-vous pas que c'est le courant d'eau qui va se perdre dans le fossé, & que mon voisin voudroit détourner?* --- Oh, il a tort assurément! --- Sans doute, M., parce que cette eau-là est destinée à faire aller le moulin qui m'appartient à juste titre & qui m'est d'un très-grand rapport. --- Mais votre affaire me paroît claire & juste; allez, M., & soyez tranquille : vous pouvez remporter votre plan ; & tout en disant cela, M. le Conseiller tournoit le plaideur, & le conduisoit vers la porte. Celui-ci s'applaudissoit du succès de sa ruse, mais le Rapporteur n'ayant pas réussi à mettre les Juges de son avis, l'affaire a été perdue. Le client dessinateur, désolé, alla redemander au conseiller le plan qu'il lui avoit confié, le fit citer sur son refus & ne recouvra ses louis qu'en recourant à l'autorité & donnant lieu par-là à une nouvelle scene peu honorable pour la *Justice*.

Deux dragons logés ensemble à S. Denis, se sont tués mutuellement, il y a quelques années, & ont laissé sur une table, leur testament de mort en ces termes :

Un homme qui meurt avec connoissance, ne doit rien laisser desirer à ceux qui lui survivent. Nous sommes dans ce cas plus qu'aucun autre. Notre intention est d'empêcher que nos hôtes soient inquiétés, comme aussi de faciliter leur besogne à ceux que l'intérêt, sous prétexte de for=

malités de justice, fera se transporter ici, quand nous ne serons plus.

Humain est le plus grand de nous deux, & moi Bordeaux le plus petit. Il est tambour-major du régiment de Mestre-de-camp-général dragon, & moi très-simple Dragon de Belzunce.

La mort est un passage. Je m'en rapporte au Procureur-fiscal de S. Denis & à son premier clerc, qui va lui servir comme d'adjoint pour faire une visite ici. Ce principe joint à l'idée que tout doit finir, nous met le pistolet à la main. L'avenir ne nous offre rien que de très-agréable; mais cet avenir est court. Humain n'a que 24 ans; pour moi, je n'ai pas encore quatre lustres accomplis. Aucune raison ne nous force d'interrompre notre carriere; mais le chagrin d'exister un moment, pour cesser d'être une éternité, est le vrai point de réunion, qui nous fait prévenir de concert cet acte despotique du sort; enfin le dégoût de la vie est le seul motif qui nous la fasse quitter. Si tous les malheureux osoient être sans préjugés & regarder leur destruction en face, ils verroient qu'il est aussi aisé de renoncer à l'existence, que de quitter un habit dont la couleur ne plaît plus. On peut s'en rapporter à notre expérience : Nous avons goûté toutes les jouissances & même celle d'obliger nos semblables; nous pourrions nous les procurer encore, mais enfin ces plaisirs ont un terme, & ce terme en est le poison. Nous sommes dégoûtés de la scene universelle; la toile est baissée pour nous; nous laissons nos rôles aux autres & à ceux qui seront assez foibles pour vouloir les jouer encore pendant quelques heures.

Quelques grains de poudre vont briser bientôt les ressorts de cette masse de chair mouvante, que nos orgueilleux semblables appellent le Roi des êtres.

Messieurs de la justice! Nos corps sont à votre discrétion. Nous les méprisons trop pour nous inquiéter de leur sort....

Ce qui suivoit contenoit des dispositions réellement testamentaires, des legs, &c. Ces malheureux étoient des jeunes gens de bonne famille, qui avoient fait de bonnes études.

On n'a rapporté nulle part, à ce que je crois, un bon mot du Peintre *Doyen*, qui vaut la peine d'être recueilli. Il se fait annoncer un jour chez la Comtesse du Bary, qui étoit au bain. Elle le fait venir; la conversation tombe sur le temps qu'il faisoit, ainsi qu'il est d'usage quand on ne sait trop

trop de quoi parler. Il y a environ un an, dit Mad. du Bary, qu'étant au bain, j'entendis un coup de tonnerre épouvantable. J'en fus si effrayée que, sans faire attention à l'état où j'étois, je traversai mon appartement pour aller me cacher dans la piece du fond. Doyen ne disoit mot & se tenoit à la fenêtre. *Que faites-vous donc là, Doyen? — Madame la Comtesse, je regarde si le temps n'est pas à l'orage; cela feroit un beau coup de théâtre pour un peintre!*

Un jour l'abbé Prince de *Salm*, très-contrefait, comme l'on sait, traversant l'anti-chambre du Roi, appellé l'*œil de bœuf*, plusieurs seigneurs qui y étoient à se chauffer, s'aviserent de dire assez haut pour qu'il l'entendit: *Voilà Esope à la cour.* Le Prince sans se déconcerter, répond: *Messieurs, le parallele est bien flatteur pour moi, car Esope faisoit parler les bêtes.*

Le Roi félicitoit M. le Marquis de *Carraccioli* sur la place de Vice-roi de Sicile que S. M. Napolitaine venoit de lui accorder. — *C'est une excellente place que vous venez d'obtenir.* — *Ah, sire*, répondit l'Ambassadeur, *il n'en est pas comme la* Place Vendôme (où il demeuroit à Paris.)

Le Monarque qui voyage sous le nom de Comte de Haga, fit quelque séjour à Spa, dans l'année 1781. Un jour, il alla faire une promenade à cheval avec le Prince de *Nass--Sieg--*. Celui-ci, au paiement d'une barriere, voulut prendre fait & cause pour les gens, dans une dispute avec le receveur. Une foule de paysans se rassembla bientôt, & déployant l'esprit républicain, avec toute l'énergie dont leurs bras étoient capables, ils firent voir que la force de muscles bien conformés peut l'emporter sur celle qui résulte des conventions humaines. Enfin, il y eut des coups vigoureux de donnés, & tout le monde en reçut, excepté les paysans.

En 1780, un aventurier nommé F.... eut une rixe en pleine redoute à Spa avec le beau D... Irlandois très-répandu à Paris & bien à la Cour. Il n'a pas soutenu dans cette affaire la réputation de bravoure qu'il a acquise en d'autres occasions. L'Espagnol a raison de dire : *Il fut brave hier.* Ce F... avoit un dédit de cent louis avec M... autre Irlandois, à qui seroit surpris par le premier des deux à jouer au Pharaon ;

M.... ayant oublié la convention fut pris sur le fait. M. F.... defusa de pomme du dédit, l'Irlandois refusa de payer sous prétexte de n'avoir pas joué pour son compte. Les propos s'échauffèrent : alors le colonel D... se mêla de la querelle : F.... lui dit séchement ; *Monsieur, il y a long-temps que vos tours me déplaisent ; je suis charmé que cette occasion me procure le plaisir de vous le témoigner : je sais que vous n'êtes que le fils d'un cabaretier de Bordeaux, tant de suffisance ne vous sied point : ainsi je vous prie de vous taire & de vous mêler de vos affaires ; si vous ne vous rendez pas à cet avis, je pourrai vous y contraindre.* M.... paya les 100 louis le lendemain, & tout fut fini, au grand étonnement de tout le monde.

Sans doute que M. de D.... a cru que son grade & son rang le dispensoient de prêter le colet à un inconnu, en pays étranger : peut-être a-t-il senti qu'il avoit eu tort. Quoi qu'il en soit, il a reparu à la Cour avec la même faveur.

C'étoit à une femme à prouver qu'au milieu du bruit & du tumulte, on peut conserver beaucoup de gaieté & de liberté d'esprit. Mad. la Comtesse de *God.* étoit connue pour en avoir infiniment : elle étoit à la table de *Creps* où il est rare de voir des femmes, à côté d'un homme qui perdant beaucoup d'argent, s'emportoit, juroit & blasphêmoit ; celui-ci s'apperçut enfin qu'il étoit auprès d'une Dame, & lui demanda pardon de s'être livré en termes aussi énergiques au chagrin que la perte de son argent lui causoit. Mad. de God. le rassura en lui disant : *Allez, allez, Monsieur, ne vous inquiétez pas, quand une femme se résout à être où je suis, elle doit commencer par laisser ses oreilles à la porte.* C'étoit la même dame qui disoit à un gros Hollandois qui la coudoyant, à la même table, la repoussoit de sa place au lieu de lui offrir la sienne : *Ah, Monsieur, vous devez avoir de bien grandes obligations à votre nourrice, mais en vérité vous pouvez sans ingratitude ne pas vous souvenir de votre précepteur.*

M. le Marq. de G. jouoit au *Creps*, & comme il est très-gros joueur ; il avoit devant lui un grand tas d'or qui lui servoit à payer ce qu'il perdoit, & où il rassembloit ce qu'il gagnoit ; un escroc sous un extérieur honnête, qui étoit à côté de lui, tâchoit de confisquer à son profit les louis qui n'étoient pas rassemblés, & il avoit répété si souvent & si mal adroitement cette manœuvre que plusieurs personnes s'en étoient apperçues. En vain avoit-on fait des signes au Marquis pour le lui faire remarquer, on n'y avoit rien gagné, jusqu'à ce qu'enfin l'attrapant sur le fait, il lui demande avec ce ton agréable dont il accompagne tout ce qu'il dit : *Ah ça, Monsieur, combien est-ce ?* L'impudent coquin de lui répondre sans émotion : *Monsieur le Marquis, donnez-m'en encore treize, cela fera cinquante... Non pas s'il vous plaît*, répondit M. de G., *j'aime mieux que vous m'en deviez trente-sept, qu'un Rouleau entier.* Un autre jour dans une semblable occasion, M. de Gen. dit à l'escroc avec un grand sang-froid : *Finissez donc, M., la galerie vous voit & se moque de nous deux.*

C'étoit le même M. de G.... qui répondit un jour à *H....* connu pour calculer parfaitement tous les jeux, & pour en tourner à son profit l'avantage, tandis qu'il le pressoit de jouer quelque chose de plus sur un coup de *Creps* qui lui paroissoit favorable : *Mon cher H., est-ce bien à moi que vous faites cette proposition là; eh mon ami, ignorez-vous que je sais que vous avez le regard si corrosif qu'un louis que vous avez regardé bien fixement ne vaut plus que vingt & une livres ? nous jouerons, s'il vous plaît, ce coup là sans plus.*

Le vieux & malheureux *Ramier de la Raudiere*, connu dans tous les endroits d'Eaux & de Bains, s'est tué d'un coup de pistolet à *Aix-la-Chapelle*, pendant la saison de 1784. Il avoit déjà plusieurs fois fait ses adieux à toutes ses connoissances; mais ayant répété souvent cette scene, on n'y croyoit plus, & l'on y répondoit par un rire sardonique. Enfin il alla au spectacle, un jour que l'on y jouoit *Beverley*, Drame de M. Saurin; après la comédie il alla à la *Redoute* où ayant joué une bagatelle qu'on lui avoit donnée & qu'il perdit, il dit au banquier que c'étoit le dernier argent qu'il lui gagneroit, renouvella ses adieux qu'on reçut de la maniere ordinaire & retourna chez lui. Pendant tout le spectacle, il avoit paru très-ému, & probablement exalta-t-il ses sens au point de se décider fermement à s'ôter la vie, car il est constant qu'il rentra avec cette résolution dont une circonstance qu'il n'avoit pas prévue suspendit l'exécution jusqu'au lendemain. Le fils de son hôte couchoit dans sa chambre, & ce jour-là par le plus grand hasard il ramena loger un de ses amis avec lui. Ces deux jeunes gens ne dormant gueres s'entretinrent une partie de la nuit; Ramier se mêla de temps en temps à leur conversation, plaisantant avec eux & disant qu'heureusement il n'étoit pas disposé à dormir, sans quoi il les gronderoit de la belle maniere; l'heure où le jeune homme étoit accoutumé de se lever étant arrivée, il descendit avec son camarade, & laissa le vieillard dans son lit, qu'il ne quittoit pas ordinairement si matin; ce fut ce moment qu'il saisit pour remplir son projet; il se hâte de se lever, va prendre la clef qu'il met en dedans & fait tous ses apprêts; on entend du bruit vers les huit heures & demie, on y fait peu d'attention, parce qu'on étoit loin de prévoir ce qui l'avoit causé, lorsque des voisins effrayés accourent, crient que le feu est à la maison. Le monde s'assemble: on voyoit une fumée noire & épaisse sortir par quelques carreaux de fenêtre que la violence du coup avoit fait tomber; on court à la chambre où est cette croisée, on frappe à la porte, on crie, on appelle M. Ramier: il n'y avoit pas de temps à perdre, on ne voit de secours qu'en enfonçant la porte, & c'est le parti qu'on prend; elle tombe, une fumée terrrible repousse ceux qui veulent entrer, & il n'y a que le danger d'un incendie plus considérable qui puisse faire surmonter le péril qui se présente. On y parvient, mais quel spectacle s'offre aux yeux des personnes qui y ont pénétré? qu'on se représente leur effroi en voyant un vieillard blanchi par les ans, ses lunettes sur le nez, un livre à la main, & tenant encore dans la bouche le canon de l'arme qui venoit de le tuer, étendu sur un lit tout en flammes; il s'étoit servi d'un pistolet sans chien; & pour le faire partir il avoit semé sur son oreiller plusieurs traces de poudre qui se rendoient toutes à la lumiere, & qui ne pouvoient être allumées que lorsque la mêche seroit à-peu-près entiérement consumée : c'est par-là que le feu s'étoit communiqué au lit. On s'empressa à l'éteindre; on y parvint en peu de temps; mais si le malheureux *Ramier* avoit exécuté son dessein pendant la nuit, il eût peut-être causé la perte de deux ou trois rues, par l'incendie qu'il auroit pu produire : son hôte étoit un Boulanger dont la maison pleine de farine, de buches & de fagots, attenoit par devant à une Auberge, où il y avoit une grande quantité de foin & de paille & par le côté opposé à l'hôtel du *Dragon-d'or*, un des principaux de cette ville. Jugez avec quelle rapidité les flammes se seroient communiquées, si jamais elles avoient gagné ces différentes maisons; Ramier avoit 72 ans : c'est une preuve que les réflexions de la vieillesse ne suffisent pas toujours pour garantir de cette passion. Cet infortuné n'étoit pas né sans talent; il peignoit parfaitement l'écriture, & il avoit été Secrétaire d'un Ministre de S... Ayant lu dans l'histoire de l'Académie des Sciences par Fontenelle, que M. Sauveur étoit parvenu à calculer la Bassette, il s'étoit mis en tête d'en faire autant sur le Pharaon qui est la même chose; il eut le malheur de se persuader qu'il y avoit réussi, & dès ce moment il n'avoit plus été occupé que des richesses qu'il alloit immanquablement gagner. Il oublia, négligea des objets qui eussent pu faire son bonheur, pour se livrer à toutes les illusions de son imagination; il se défit de toutes les choses qui lui étoient même les plus nécessaires, pour se procurer de l'argent, & le voilà qui vogue sur cette mer orageuse; son premier essai ne fut pas heureux, son second ne réussit point davantage, mais il lui en eût trop coûté pour s'arracher à l'opinion d'une fortune certaine, pour ne pas préférer de mettre sur le compte d'une distraction, ce qui n'étoit que l'effet de l'avantage du Banquier sur le ponte; ayant perdu ce qu'il avoit &

conservant toujours cette funeste persuasion, il se mit à courir tous les lieux où les jeux, les eaux ou les bains rassemblent les étrangers; là il cherchoit quelque dupe qu'il put séduire par la *perpendiculaire* ou la *triangulaire* (c'étoit des termes qu'il avoit adoptés à son système) & souvent il en trouva, mais l'événement ne répondant jamais aux espérances qu'il avoit données, c'étoit autant d'ennemis qu'il se faisoit: vouloit-on le dissuader, lui remontrer le ridicule, le danger d'une opinion qui depuis cinquante ans le rendoit malheureux, il vous rioit au nez, haussoit les épaules, & avec un air de pitié il vous plaignoit bien sincérement d'être assez borné pour ne pas apprécier la solidité de ses principes qu'il appelloit modestement évidens, insistiez-vous, il se fâchoit, vous disoit des choses désagréables qu'il falloit bien passer à son âge, & il récompensoit souvent des avis que la commisération inspiroit, par des réponses peu honnêtes, & qui détournoient de les renouveller; il avoit même trouvé une réponse aux objections que chacun de ceux qui lui avoient donné de l'argent à jouer pouvoit lui faire, & à la remarque qu'il ne gagnoit jamais: sa raison éternelle étoit que les fonds qu'on lui avoit procurés n'avoient pas été suffisans ; cela n'encourageoit personne à les augmenter, & ce fut le défaut de ces gens confians qui le réduisit au désespoir : n'en trouvant plus il ne vit point de bornes à son infortune ; la certitude qu'il jouoit, tout ce qu'on accordoit à sa misere, avoit rebuté ceux qui cherchoient à la soulager, & ce fut cette inhumanité (comme il l'appelloit) qui lui mit le pistolet à la main... Quelles réflexions la lecture de cette relation ne doit-elle point produire ? quel est l'homme assez insensible pour ne point frémir en considérant les suites effroyables qu'entraîne la funeste passion du jeu ? comment justifier les gouvernemens qui tolerent un abus aussi funeste, & qui ne sévissent point contre lui avec toute la rigueur que le bien-être de leurs sujets devroit leur inspirer ?

On a recueilli une infinité de mots ingénieux du Prince *Henri de Prusse*, pendant le séjour qu'il a fait en *France*, dans l'année 1784. Comme on ne doit pas trouver fréquemment cité dans cet ouvrage, les personnages dont on n'a que du bien à dire, bornons-nous à ce trait. Le Comte d'*Œls* a dit au Roi, en prenant congé de S. M. à *Fontainebleau* : *J'ai passé la plus grande partie de ma vie à desirer de voir* la France ; je vais en employer le reste à la regretter.

On a dit à propos des préparatifs de l'Empereur contre les Hollandois en Novembre 1784 : *La Toile de Hollande va devenir commune & à bon marché, car Joseph y fait filer 80,000 hommes.* — *Non*, répondoit un autre plaisant, *car le Roi de Prusse y fera défiler des troupes dans la même proportion.*

Un Anglois prêt à partir de Londres, écrivoit en ces termes à la fameuse *Gourdan*. — » Comme j'ai ouï dire, Madame, que vous connoissiez toutes les Demoiselles (*terme technique*) de Paris, & qu'on ne pourroit mieux faire que de s'adresser à vous pour avoir une jolie maîtresse, je vous prie de m'en tenir une toute prête pour mon arrivée qui sera du 15 au 20 Janvier. Voici comme je la veux : âgée de seize ans, blonde, de cinq pieds six pouces (*mesure d'Angleterre apparemment*) taille svelte, les yeux bleus & langoureux, la bouche petite, la main jolie, la jambe fine & le pied mignon. Si vous me la trouvez telle, il y aura 50 louis pour vous. Adressez-moi votre réponse à mon passage à Calais à l'auberge de *Dessein*. »

On a prêté au Duc de L.... une idée fort ingénieuse au moins, si elle n'est pas fort solide. Il fait, a-t-on dit, dresser deux aigles pour les atteler à un Ballon aërostatique, & se flatte d'en obtenir dans les airs autant de docilité que de deux coursiers sur la terre.

On raconte un tour singulier du fameux Escamoteur *Pinetti*. Le Duc de *Chartres* venoit d'entrer à son spectacle avec quelques autres seigneurs. *Pinetti* s'avance vers S. A. & montre une espece d'étonnement. --- Qu'avez vous donc, Pinetti ? --- Mgr., je vous avoue que je suis surpris de vous voir au milieu d'un cercle si brillant, sans avoir de chemise. --- Qu'est-ce à dire ?... Le Prince se regarde & se trouve effectivement sans chemise. Surpris au-delà de toute expression, il demande à Pinetti, s'il est possible qu'il la lui ait escamotée ? --- Non, Mgr., mais bien M. de *Fitz-James* à qui vous vous fiez & qui l'a dans sa poche... M. de Fitz-James se fouille & trouve la chemise. Ce n'est pas tout. Pinetti prend la chemise & la jette dans un brasier. Quand on la croit en flammes, Mgr. s'en trouve repouillé.

M. le Duc de Chartres avoit une montre du plus grand prix ; Pinetti la lui demande & la met dans un mortier de métal. L'Escamoteur s'empare du pilon, broie la montre de toutes ses forces, aux yeux des spectateurs stupéfaits, & moyennant quelques paroles bien magiques, la fait reparoître d'un coup de baguette dans son premier état.

Le Marquis de Bievre remettoit à *Prault* l'imprimeur, le manuscrit de sa comédie du *Seducteur*, & *Prault* s'avisa de trancher du Magister. -- M. le Marquis, lui dit-il, voici qui vous classe parmi nos meilleurs auteurs dramatiques, mais plus de *Calembours*, car.... -- Ah, parbleu, c'est nous la donner belle! Puisque tu le prens ainsi, mon cher *Prault*, j'en ferai sur toi & sur toute ta maison. *Toi, tu es un Problême* (Prault blême), *ta femme une profanée* (Prault fanée) & ta fille une *pro nobis*.

Un jeune officier faisoit un jour une question à M. Duhamel sur un objet que le flambeau de la philosophie n'a point encore parfaitement éclairé. *Je n'en sais rien,* répondit le modeste philosophe, comme il le faisoit souvent. -- *A quoi sert-il donc d'être de l'académie,* dit le jeune homme? Un moment après interrogé lui-même, il se perdit dans des réponses vagues qui décéloient son ignorance. -- M. lui dit alors M. Duhamel, *vous voyez à quoi il sert d'être de l'académie; on ne parle que de ce que l'on sait.*

M. *Potevin* constructeur de navires à Bordeaux, ayant quelques obligations à M****, lui écrivit en 1769, pour le prier de donner le nom à un vaisseau qu'il avoit sur le chantier. M**** lui indique M. *d'Alembert*. En 1772, M. Potevin fit une proposition semblable à son bienfaiteur : celui-ci répondit qu'il desiroit que le choix en fût remis à M. D'alembert lui-même; ce qui fut fait, & le navire fut nommé *le Marmontel*. Une troisieme fois, ce fut à M. Marmontel à nommer, & celui-ci indiqua M. *Turgot* auquel M. Potevin demanda son consentement. Le vertueux Intendant de Limoges refusa une gloire qu'il prétendoit n'avoit point méritée. *Vous avez,* écrivit-il au constructeur, *des noms célebres à choisir, tels que ceux de* MM. *D'alembert, de Buffon; la ville de Bordeaux a donné le jour à un des hommes qui ont le plus honoré le siecle & la nation; je parle de M. de Montesquieu.* Cette lettre communiquée à M**** lui causa tant d'admiration que de surprise : il monta le même jour sur l'érable du navire, & il y écrivit, pour me servir de ses propres expressions, ce qui avoit toujours été gravé dans le cœur de M. Turgot, *la modestie*. Il se consola de ne pouvoir y mettre son nom, en y inscrivant au moins une de ses vertus.

La considération qu'on a pour un auteur influe sur les jugemens qu'on porte de ses écrits : Personne peut-être ne l'a jamais éprouvé plus directement que l'auteur de *Macbeth* à la premiere représentation de cette piece. On n'en a pas moins, suivant l'usage, accablé de mauvais calembours, de méchantes épigrammes, le pauvre **M.** *Ducis.* Voici la plus piquante. Le Comte *de la B....* apprenant que l'on devoit donner *Macbeth* un dimanche, jour où le peuple peut assister au spectacle sans nuire à ses affaires, s'écria : *Mauvais calcul, les frippiers se connoissent en guenilles.*

Un malheureux pere ayant porté jusqu'au dernier haillon au *Mont-de-Piété*, & se trouvant enfin sans savoir de quel bois faire fleche, s'avisa d'y porter les deux enfans dont il étoit chargé, & qu'il en pouvoit plus nourrir. Il les arrange dans un panier, les couvre d'un linge, & se rend au Lombard vers l'heure du dîner. Les Bureaux étoient fermés; il le savoit & dit qu'il alloit attendre. En conséquence il pénetre, pose à la porte son précieux fardeau, & s'en va sans rien dire. Les Directeurs arrivent, voyent ce paquet, demandent *ce que c'est, ce que c'est?* Personne ne répondant, on leve le linge & l'on apperçoit deux pauvres petites créatures levant leurs têtes, raconter innocemment que leur Pere avoit mit en gage tout ce qu'il avoit, dans une affreuse saison où son travail ne pourroit suffire à ses besoins, & que ne sachant où prendre pour les nourrir, il les avoit exposés à la pitié de ceux qui possédoient tout ce qu'il avoit possédé. On leur fit des questions; mais fideles à l'injonction paternelle, les pauvres petits ne voulurent jamais déclarer ni leurs noms ni leurs demeure.

Une femme *du commun* traversoit un jour le jardin du Palais-Royal avec une jeune fille & son frere. Un jeune éventé sortoit fort aviné de chez le Restaurateur. Il lui lache le quolibet, & se permettoit davantage si la jeune fille ne l'eût vivement repoussé. Le frere menace. Le Petit-maître redouble d'insolence. La femme craint les suites des propos, & s'indigne contre l'impertinent : *Eh, Morguenne*, lui dit-elle en le prenant rudement par le bras, *quand on a tort on s'en va*. Cette saillie pleine de sens & de morale frappe l'étourdi qui reconnoît son tort & se retire.

On n'imagineroit pas l'effet que la vie & les miracles du mendiant LABRE ont produit sur les têtes parisiennes : une infinité de femmes jeunes & vieilles, une multitude d'hommes de tout âge ont enveloppé leurs jambes malades, d'un papier chargé du nom de ce bienheureux, en triangle, en lozange, en quarré : on le trempoit dans de l'eau bénite pour l'appliquer sur des yeux fatigués; on le mâchoit pour guérir les maux de dents ; tout le monde enfin s'applaudissoit des effets merveilleux de ce remede plus subtil encore que l'Agent du Charlatan *Mesmer*. Ce dernier avoit tout à craindre de son rival dont le secret ne coûtoit pas un denier. L'abbé **** disoit un jour : « Rien ne me surprend dans tous les écrits qui paroissent sur le bienheureux Labre, que leur date. »

Au passage du grand-Duc de Russie

par la Principauté d'*Anhalt*, dans le tour d'Europe que ce Prince fit en 1783, le Gouverneur d'une ville avoit fait placer fous une arche du pont une troupe de muficiens qui devoient exécuter de la mufique turque. Au moment qu'on s'y attendoit le moins, le fon des inftrumens éclata : le Général Romanzow qui étoit de la fuite de S. A. I. demanda d'où il fortoit. Le Prince lui répondit : « Général, c'eft une mufique turque; elle fe cache en fe rappellant la journée où vous troublâtes fi fort fon harmonie.

M. *de S....* jeune poëte chargé du choix & de l'arrangement des pieces fugitives dans le mercure, s'eft avifé d'y inférer une épigramme fanglante contre un avocat. Enfuite il a eu l'imprudence de s'en avouer l'auteur au Caffé de l'ancienne Comédie françoife. L'avocat qui l'apprend, arrive un foir à ce Caffé, y trouve fon homme & l'interpelle de déclarer s'il eft en effet l'auteur de l'épigramme. Le poëte l'avoue, l'avocat veut le faire fortir pour en avoir raifon; le poëte refufe & veut perfiffler l'avocat : celui-ci lui détache un foufflet des mieux appliqués. M. *de S....* fort tout confus, & en marmotant, dit-on, avec la candeur du nom qu'il porte : « Heureu-

sement qu'il ne m'a point fait de mal. »
L'aventure étoit trop publique pour rester
ignorée. Le petit poëte se trouvant, quelques jours après, au Musée de la rue *Dauphine*, eut une querelle avec le Président.
Celui-ci lui reprocha l'affront qu'il avoit
reçu. M. *de S....* voyant qu'il n'avoit pour
adversaire qu'un pauvre Abbé paralitique,
s'avise de montrer du courage, leve sa
canne, le Président sa béquille, & l'on vit
commencer un combat assez bizarre entre ces deux champions. On les sépara, la
garde vint, & le petit poëte chassé, jura
d'en tirer vengeance, dans le prochain
mercure.

Le S. *Lainez*, la premiere haute-contre
de l'Académie royale de musique, perd
beaucoup de sa voix, & ce genre de chanteurs devient plus rare de jour en jour.
Un amateur passionné disoit, ces jours-ci,
dans le parterre de l'Opéra, qu'il seroit
temps de prendre les précautions que l'on
prend en *Italie*, pour avoir de belles voix
claires. Un politique l'entend & se récrie
avec chaleur contre un usage si funeste à
l'humanité. « Qu'appellez vous humanité,
replique l'amateur de musique ? on va peut-
être égorger cent mille hommes pour l'Escaut dont je ne me soucie point du tout,

& vous regrettez huit à dix savoyards auxquels on assureroit 15 ou 20 mille livres de rentes & un sort heureux, en les privant seulement d'un bien dont ils ne connoîtront peut-être jamais l'usage! Oui, oui, notre nation est trop brute pour prendre ce sage parti. » Cette saillie fit rire de bon cœur les assistans.

On regarde en *France* comme un phénomene très-curieux le parti que M. *de Carmer* Chancelier de *Prusse* a pris de soumettre son projet de code de loix à l'examen de tous les jurisconsultes philosophes de l'univers. Les Philosophes voudroient bien qu'il leur fût permis d'exalter le courage de ce Chancelier, mais on pense que cette satisfaction leur sera refusée, & cela paroît juste dans le moment où l'on défend à tous les journeaux de parler de législation, attendu la fermentation que peut causer dans les esprits toute discussion à cet égard. On sait d'ailleurs que M. *Dupaty*, Président au Parlement de *Bordeaux*, ayant témoigné à M. le Garde des Sceaux quelques doutes sur l'excellence de la jurisprudence françoise, M. de M. lui répondit qu'il n'y avoit rien à dire ni à écrire là dessus, puisqu'il s'occupoit lui même d'une refonte générale de nos loix & que son ouvrage étoit fort avancé. Les étrangers qui ignorent cette anecdote apprendront sans doute avec admiration que la réforme des loix françoises est prête à éclore & que c'est pour ne point ombrager l'effet de cette réforme nécessaire, qu'il est enjoint à tous les écrivains de ne point s'en occuper, sous peine d'être traités comme M. *Br. de W*. Ce régime n'est pas aussi philosophique que celui de M. *de Carmer*, mais enfin chaque pays a ses usages.

C'est l'Evêque de *Chartres* qui a célébré la messe de rentrée du Parlement, après les vacances de 1784. Comme ce Prélat est un beau diseur, bien venu des femmes, on a remarqué qu'il y en avoit à cette cérémonie un si grand nombre que les avocats n'ont pu se placer, & faire la prestation de serment d'usage, excepté trois ou quatre qui ont rempli cette formalité. Cette affluence extraordinaire ayant fait murmurer, une femme s'est avisée de dire assez haut : « MM. les Avocats, au lieu de se plaindre, devroient nous remercier : nous les empêchons de faire un faux serment. » Pour sentir cette épigramme, il faut savoir que les Avocats jurent d'observer les réglemens de la Cour, qui leur défendent de recevoir plus de 15 liv. pour leurs honoraires, dans telle affaire que ce soit.

M. *Augeard* ancien fermier général & Secrétaire des commandemens de la Reine avoit acheté de M. de *Boulogne*, trésorier de l'extraordinaire des guerres, la belle terre de *Buzances* en *Lorraine*. Le château de cette terre avoit coûté plus de trois millions à bâtir & à meubler : un incendie terrible vient de le détruire entiérement. Ce malheur est d'autant plus cruel pour M. *Augeard*, qu'en moins d'un an, il a été précédé de la perte de sa femme très-aimable & d'un fils qui faisoit sa plus douce espérance. Quand on a annoncé à ce bon pere & à ce bon mari l'incendie de son château, il étoit dans une salle où se trouvoient les portraits de son épouse & de son fils. Il a levé sur eux des yeux mouillés de larmes, en disant : « Voilà les objets que je dois pleurer, plutôt que mon château ! » Ce trait de sensibilité montre combien nos financiers different de ceux du temps passé.

L'habile sculpteur *Houdon* a fait le buste du Prince *Henry de Prusse*. Le Chevalier de *Boufflers* dont le talent poëtique est si digne d'estime, a donné les quatre vers suivans pour être mis au bas de ce buste intéressant.

> Dans cette image auguste & chere,
> Tout Héros verra son rival :
> Tout sage verra son égal,
> Et tout homme verra son frere.

Il y a eu dans le mois de Novemb. 1784 une rixe très-vive à *la Rochelle* entre les Régimens de *Poitou* & de *Bresse*. Ce dernier régiment est un dédoublement du premier, qui avoit reçu en 1763 le régiment de *Flandres* par incorporation. Un des grenadiers de *Poitou* se permit une plaisanterie grivoise qui eut des suites funestes. « Nous avons, dit-il, avalé Flandres en 1763, & en 1776 nous avons chié Bresse. » Aussi-tôt grande rumeur, les sabres se tirent, on se bat, & 19 grenadiers sont restés sur le carreau. Les chefs de ces corps sont enfin parvenus à assoupir cette querelle, & la paix a été signée entre les deux régimens.

On s'est fort amusé au dernier voyage de *Fontainebleau*. Deux jours de chasse ont coûté la vie à deux cens grosses bêtes, tant cerfs que biches, faons, & sangliers. La grande chere qu'on y a faite a
donné

donné lieu à quelques événemens singuliers. Il y a même eu un frere Capucin qui, étant allé faire la quête de *Fontainebleau*, a donné une scene fort plaisante. Il but trop dans l'anti-chambre d'un Seigneur, qui étoit jonchée de sangliers & de cerfs tués à la chasse. Ce frere surpris de vin & voulant le cuver sur le champ, se coucha & s'endormit entre deux bêtes fauves. Dès le matin les valets ayant voulu charger le gibier sur un chariot, trouverent un corps de plus que la veille, & furent fort étonnés de rencontrer le Capucin ronflant. Ils avertissent leur maître qui accourt & jure qu'il faut expédier le tout ensemble. Le Capucin fut réveillé, se démena beaucoup & réclama avec assez de vivacité son manteau qu'on chercha long-temps. Enfin on le trouva sur un cheval qu'un palfrenier en avoit affublé en guise de couverture. Toute la Cour a beaucoup ri de cette aventure.

Les Fermiers généraux se plaignoient depuis long-temps de l'énorme contrebande qui se fait aux entrées de *Paris*. L'enceinte de cette capitale, dans toute la partie du *Sud*, sur la rive gauche du fleuve, favorisoit sur-tout les fraudeurs, parce qu'elle étoit mal fermée & difficile à garder. On a enfin imaginé un moyen de remédier à cet abus, & ce moyen est admirable; il consiste à clorre cette partie par un mur de 12 pieds de haut, qui prendra à l'hôpital général, & qui enveloppant les nouveaux Boulevards, l'hôtel des Invalides, l'Ecole royale militaire & le *Gros-Caillou*, viendra se terminer à la riviere au-delà du *Champ de Mars*. Cette enceinte aura différentes portes, où seront placées des gardes, & comme elle contient les Invalides & l'Ecole militaire qui jouissent de l'exemption de droits d'entrée pour les denrées à leur usage, il sera fait une évaluation de l'indemnité à accorder à ces deux établissemens, à cause du même droit auquel ils seront désormais assujettis. On compte que cette muraille fiscale ne coûtera pas plus de six cens mille livres de construction, & que le bénéfice des abus auxquels elle remédiera s'élevera à trois ou quatre millions par an.

Le S. *Hay..* de *L.* Huissier-priseur, étoit allé passer quelques jours à la campagne avec son épouse. Il avoit laissé chez lui un jeune homme de 16 à 17 ans qui avoit conçu pour sa femme une passion violente, & qui vient d'augmenter le nombre des victimes de l'amour. M. *H.* envoye son domestique à *Paris* chercher une robe que sa femme avoit oubliée; la robe ne se trouve point, & le domestique va rejoindre ses maîtres. Au retour de la campagne, on est inquiet du jeune homme qui ne paroît pas. On fait des recherches infructueuses, on veut ouvrir sa chambre; les verroux la fermoient en dedans. On enfonce la porte, & l'on trouve le malheureux jeune homme baigné dans son sang. Par une de ces idées bizarres que le délire seul peut concevoir, il avoit quitté ses habits pour se revêtir de la robe que Mad. *H...* avoit oubliée, & il s'étoit mutilé de la maniere la plus complette.

On raconte ainsi l'histoire d'un jeune homme qui s'est derniérement brûlé la cervelle dans le jardin du *Palais royal*. Il étoit devenu fortement épris d'une beauté toute jeune, dont il avoit fait la connoissance au spectacle, qu'il avoit vue sans cesse accompagnée d'une mere vigilante & sur l'honnêteté de qui il ne lui étoit pas venu le moindre doute. La mere se donnoit pour la veuve d'un officier & ne lui avoit permis que de très-rares visites, jusqu'au moment où il avoit fait des propositions de mariage. C'étoit peu de jours après cette démarche qu'à l'aide d'un rayon d'une lune perfide, il apperçut son agnès assise dans un coin du jardin, serrant de près un vieux financier & lui rendant un service secret qui lui parut pire qu'une infidélité publique. Le jeune homme plein d'honneur ne put se pardonner d'avoir si mal placé ses affections; rempli de rage & de désespoir, sentant qu'il ne pouvoit encore se guérir de sa folle passion, il courut chercher des pistolets & vint se punir de son extravagance, sur la même chaise où s'étoit passée la scene qui l'avoit désabusé.

Au mois de septembre dernier, il arriva à *Bordeaux* un américain avec beaucoup d'argent & fort peu de connoissances. Il débarqua dans un hôtel garni appellé *l'hôtel de fumel*, & admit bientôt dans son intimité son hôte & le perruquier qui le coëffoit. Sa suite étoit composée d'un seul negre. Il étoit si désœuvré & si bavard qu'en peu de jours il mit l'hôte & le perruquier au fait de toutes ses affaires en Amérique. Au bout de trois semaines cet homme mourut subitement dans son lit. Ses deux confidens qui avoient sans doute vu jouer le *Légataire universel*, se concerterent aussi-tôt pour faire une répétition du testament de *Crispin*. L'un d'eux se met au lit après avoir caché le cadavre, l'autre avec le negre va chercher un notaire qui reçoit le testament du malade supposé. Après cette cérémonie on envoie chercher un confesseur ; & pendant ce temps on replace le véritable mort dans son lit. A l'arrivée du confesseur, des larmes feintes lui apprennent que le malade vient de passer. M. *Scrupule* revient, lit le testament de la veille & l'on y trouve deux legs considérables pour l'hôte & pour le perruquier. Le negre interrogé confirme toutes les dépositions de ces deux coquins ; enfin on enterre l'Américain. Cependant les deux intriguans qui avoient fait les plus belles promesses au Negre pour le mettre dans leurs intérêts, eurent la mal-adresse de le mécontenter au sujet de quelque demande qu'il leur faisoit. Celui-ci piqué va dénoncer leur fripponnerie au juge. Ils ont été aussitôt arrêtés & l'on instruit leur procès auquel on prévoit pour eux une issue fâcheuse : ce qui justifiera le mot de M. *Mercier*, que le cinquieme acte du *Légataire* devoit être joué à la *Greve*.

On sait que M. *le Mierre*, de l'Académie françoise, n'est pas un Narcisse à beaucoup près, & que M. *Paliſſot* s'eſt égayé ſur la grotesque figure de cet académicien, dans le ſixieme chant de ſa *Dunciade*. *Le Mierre* ſe trouvoit l'un de ces jours, dans un cercle avec le Marquis de S.... un de ces agréables dont le mérite conſiſte à myſtifier les gens & à ennuyer les femmes du récit de leurs conquêtes vraies ou ſuppoſées. Le Marquis voulant perſiffler le poëte, lui demanda quel étoit le plus bel homme de l'Académie. « Je n'y ai jamais pris garde, reprit malignement celui-ci, & je croyois que l'on ne s'occupoit de la beauté des hommes que dans certaines ſociétés que l'on ne nomme pas en bonne compagnie. » L'épigramme eſt d'autant plus mordante que le Marquis de S.... a la réputation de ne pas aimer les femmes excluſivement.

L'ouverture du ſpectacle des petits Comédiens de Mgr. le Comte de *Beaujolois*, s'eſt faite au *Palais royal* le 23 Octobre 1784. Ce ſont des Marionettes qui font les geſtes, pendant que les comperes cachés derriere la toile récitent le dialogue. On a débuté par trois pieces mêlées de chants & de danſes, qui n'ont point enchanté les ſpectateurs. Les Entrepreneurs ſe propoſoient de donner ſucceſſivement les drames de Mad. de *Genlis* & de M. *Berquin* & avoient fait une grande provision de pieces bien morales, dans le louable & difficile dessein d'établir les mœurs dans ce même lieu où on ne les trouve gueres, mais ils ont échoué dans cette noble entreprise : l'obstination des pécheurs & des pécheresses qui promenent leurs iniquités dans l'enceinte du jardin a été invincible, & ces mécréans ont été choqués de voir que tandis que l'immortel *Figaro* les divertit sur le théâtre national, on essayât de les ennuyer par *Ruth* sur un théâtre forain. Aussi se flatte-t-on que les Directeurs de ce spectacle renverront bientôt leurs acteurs de bois & leur en substitueront d'autres de chair & d'os, plus analogues à la scene qu'ils occupent & qui doit se montrer comme une émanation en petit de l'Opéra.

Le fameux Abbé *Baudeau*, chargé de la principale direction de ces Comédiens de bois, a fourni à la premiere représentation, une scene beaucoup plus amusante que ses acteurs. On l'a apperçu dans les coulisses indiquant les gestes avec un air d'importance digne de son emploi, applaudissant avec enthousiasme, & pleurant même dans les endroits pathétiques. On se doute bien que cette pantomime excita les huées, que M. le Directeur fut sifflé & qu'on n'a pas manqué de l'appeler depuis, le *Confesseur des Marionettes*. Les sarcasmes l'ont désolé au point qu'il s'est démis de la direction, en faveur des SS. *Arnoult & D'orvigny*.

MM. *Miolan* & *Janinet* ont été turlupinés de toutes les manieres sur le mauvais succès de leur Ballon aërostatique. M. *Mesmer* leur a succédé dans le désagréable emploi de faire rire le public à ses dépens. Il paroît une estampe où le Docteur est représenté voulant magnetiser le Diable, mais celui-ci s'empare de *Mesmer* & l'emporte. A droite, le Docteur *Deslon* reçoit des croquignoles de plusieurs démons; du côté opposé, d'autres diables s'amusent à donner des camouflets au Pere *Hervier*, Augustin qui a écrit pour soutenir la doctrine du Magnetisme. Les spectateurs furieux d'avoir été la dupe de ces Charlatans, bouleversent le baquet, brisent les instrumens de *Mesmer* & tachent de reprendre l'argent qui tombe de ses poches.

La Comédie des *Docteurs modernes* a porté un terrible coup au Magnetisme. MM. *Mesmer* & *Deslon* se plaignent d'y être bafoués & vilipendés, & il faut avouer qu'ils n'ont pas tout-à-fait tort. Des couplets gais & plaisans ont été très-applaudis, entre autres celui-ci qui a décidé du fort de piece :

> Du Vaudeville, enfant gâté,
> Messieurs, avec sévérité
> Ne jugez point les entreprises :
> Pour savoir votre sentiment,
> L'auteur est là qui vous attend
> Dans la *salle des crises*.

On se doute bien que l'auteur a été demandé avec de vives acclamations ; Rosiere est venu dire : « Messieurs : l'auteur étoit dans la salle des crises ; vos bontés l'en ont fait sortir, nous ne savons ce qu'il est devenu. »

Un domestique placé au parterre assistoit à la premiere représentation de cette piece. On donnoit aussi ce jour-là la *Brouette du vinaigrier*, drame de M. *Mercier*. Après le premier acte, la toile se baisse pour faire un changement de décoration. Elle se releve pour le second acte ; aussi-tôt le laquais muni d'un gros sifflet, le fait jouer, au grand étonnement de ses voisins, qui font cercle autour de lui, & qui le laissent saisir par une sentinelle. Mené au Corps-de-garde, on lui demande pourquoi il a sifflé : il répond ingénument que son maître lui a donné un billet de parterre & un Louis d'or pour siffler la seconde piece; qu'ayant vu baisser la toile, il n'a pas douté que la seconde piece ne commençât ensuite, & qu'il s'est dépêché de gagner son argent. On lui a objecté que si son maître lui avoit commandé, en le payant, d'aller tuer quelqu'un, il se seroit donc cru obligé d'obéir; il a répondu que non, & comme on se disposoit à le mener en prison, il a offert de rendre le louis qu'il avoit reçu, plutôt que d'être puni d'une chose qu'il ne savoit pas être défendue. Ce beau raisonnement n'a pas empêché de le mener à *l'hôtel de la force*.

Cette premiere tentative a été suivie du pamphlet suivant.

Réflexions Préliminaires

à l'occasion de la piece intitulée : Les Docteurs Modernes, *jouée sur le Théâtre Italien, le 16 Novembre 1784.*

Voici un exemple terrible & d'un nouveau genre qui s'éleve dans l'état.

M. *Mesmer* a des ennemis puissans; il en a même qui sont revêtus d'une grande autorité.

Il a fait une découverte; il propose une doctrine; il a beaucoup d'éleves plus distingués les uns que les autres par leur rang, leurs lumieres, leur exiſtence perſonnelle.

Ses ennemis n'oſent pas attenter à ſa vie ; le temps des *Auto-da-fé* ſe paſſe partout ailleurs ; il n'a jamais exiſté en *France* : forcés de ménager ſa perſonne, ils l'attaquent dans ſon honneur. On l'a joué ſur le théâtre Italien de la maniere la plus ridicule & la plus calomnieuſe, lui directement, & indirectement ſes éleves & ſes malades.

En attendant que M. *Meſmer* le demande aux loix, on demande aujourd'hui aux Peres de famille, aux citoyens honnêtes, en un mot au public impartial :

S'il eſt bien convenable que dans un état policé, une autorité quelconque s'arroge le droit de diſpoſer ſur un théâtre, de l'honneur d'un individu ?

Ariſtophane jouoit *Socrate*, & l'a conduit à la ciguë ; eſt-ce là l'intention des ennemis de M. *Meſmer* ? Ils ſe trompent. L'honorable cortege dont M. *Meſmer* eſt entouré, portera, quand il en ſera temps, aux pieds du trône & dans le ſanctuaire de la juſtice, les témoignages de ſon ſavoir & de ſa vertu.

Si les ennemis de M. *de la Chalotais* avoient imaginé la reſſource des théâtres ; ils auroient pu mener loin ce grand homme & la magiſtrature françoiſe.

Le Lecteur eſt prié de peſer ce petit nombre de réflexions dans l'intérieur de ſon foyer.

L'auteur de cet écrit ſe nommera un jour. Connu par ſon reſpect pour la puiſſance du Roi, l'autorité des loix & de la vérité, il a toujours fait profeſſion de ne craindre ni les intrigues, ni l'abus du pouvoir.

Au reſte la Comédie des *Docteurs modernes*, loin de produire contre le *Ma-*

gnétifme animal l'effet qu'on s'en étoit promis, a donné à cette efpece de Charlatanerie une nouvelle célébrité. Les adeptes ont pris chaudement fait & caufe pour MM. *Mefmer* & *Deflon* ; les *Réflexions préliminaires* ont été fuivies d'un autre imprimé non moins férieux. Le Comte *Maxime de Puyfegur*, Colonel, vient de faire paroître auffi un tableau des cures qu'il a faites à fon régiment. Ce tableau très-curieux eft enrichi de notes de M. *D'Eprémefnil*, (auteur des *Réflexions*.) Parmi ces notes il s'en trouve une très-finguliere. La voici : M. *de Puyfegur* dit dans le texte : « Si je m'étois fait illufion fur toutes les cures que je cite, je ferois dans le cas de me croire bien bête. » La note au bas porte ces mots : « Cet argument paroît très-fort. »

Ce ne font pas feulement les partifans du *Magnétifme* qui font fcandalifés de la piece des *Docteurs modernes*. Les *Franc-Maçons* trouvent indécent que l'on ait ofé parodier un de leurs cantiques dans un couplet d'une fcene où les acteurs autour du baquet fe tenant par la main chantent en chœur :

Joignons-nous mains en mains,
Tenons nous ferme enfemble, &c.

Les auteurs de cette piece ont donné un désaveu des intentions que le Public leur a prêtés. C'est un nouveau sarcasme contre les deux Coriphées de *Magnétisme*. Ils assurent avoir pris pour devise *ludere non lædere*, & ajoutent que si l'on fait des applications à MM. *Mesmer* & *Deslon*, c'est leur célébrité qui en est cause ; que d'ailleurs le rapport des Commissaires, fait au nom du Gouvernement par les savans les plus éclairés de la nation, ayant déclaré la doctrine du *Magnétisme* illusoire & sa pratique dangereuse, il étoit bien permis d'en rire.

Les Critiques prétendent que MM. *Barré* & *Radet* n'ont point encore tiré assez de parti d'un sujet qui prêtoit autant au ridicule. On se plaint de ce qu'ils ont négligé les merveilleux effets produits par l'arbre magnétisé, par la canne du Magnétisant plongée dans un étang & qui donne la commotion à l'autre extrêmité (en substituant le baquet à l'étang), & sur-tout par la canne de M. *Mesmer*, qui présentée à quelque distance, au visage des jeunes filles, les fait tomber en syncope. Il s'y trouve au moins une scene du bouquet qui en vaut bien une autre, & qui fait allusion à une anecdote scandaleuse mise l'année derniere sur le compte de M. *Deslon*. Voici comme on raconte cette plaisanterie un peu saugrenue. Une Demoiselle & sa mere se trouvoient chez M. *Deslon*, avec un jeune homme qui les avoit accompagnées. Pendant que l'on magnétisoit la mere, le jeune homme sourioit, ainsi que la Demoiselle, de la crédulité des dupes. Le Docteur s'en apperçoit & demande au jeune homme s'il doute des effets du *Magnétisme*. Celui-ci répond à-peu-près comme la Maîtresse du Financier, dans la nouvelle piece. Alors M. *Deslon*, pour convaincre ces deux incrédules, leur propose de leur faire ressentir ces effets qu'ils tournent en dérision. Les jeunes gens se soumettent à l'opération : voilà M. *Deslon* qui les magnétise gravement en présence des témoins. Les deux patiens restent d'abord immobiles, puis il leur survient à tous deux une fureur utérine ; leurs yeux s'enflamment, & ils se précipitent dans les bras l'un de l'autre. En vain la mere crie au scandale, à l'indécence, veut les séparer. Cela est inutile, dit froidement M. *Deslon*, il faut les laisser faire, on leur casseroit plutôt les bras. Effectivement, ajoute-t-on, il fallut attendre que le mystere fût accompli.

C'étoit peu de se voir joué publiquement. M. *Mesmer* s'est trouvé ensuite dans une *Crise* bien plus alarmante. M. *Mesoduc*, Médecin de l'hôpital de *Londres*, se présenta, il y a quelque temps, chez M. *Mesmer*, pour être initié, *en payant*, dans la science du *Magnétisme*. M. *Mesmer* le reçut d'abord très-bien & lui exalta les vertus miraculeuses de son secret. Le médecin Anglois lui avoua confidemment que son voyage étoit un objet de spéculation, & qu'il avoit dessein d'établir un *baquet* à *Londres*. A ces mots la physionomie du Thaumaturge Allemand se décompose; il laisse assez entrevoir combien il regrette les politesses qu'il a prodiguées au Docteur Anglois, enfin il refuse net de l'endoctriner. Celui-ci va chez M. *Deslon*, qui l'admet sans difficulté à la participation des sublimes mysteres. M. *Mesmer* avoit le projet de passer en *Angleterre*; il croit gagner de vîtesse l'Esculape Breton, & se hâte de céder ses appareils à un de ses affidés, nommé *de la Mothe*. Mais M. *Mesoduc* instruit des intentions de M. *Mesmer*, alla le trouver un beau matin, & après l'avoir accablé de reproches, lui dit qu'il saura bien l'empêcher d'exercer le *Magnétisme* à *Londres*; mais que la voie des tribunaux étant trop lente, il le prioit de vouloir bien se décider sur l'alternative qu'il alloit lui proposer : ou lui donner sa parole de ne point aller en *Angleterre*, ou prendre l'un des deux pistolets chargés qu'il lui présentoit M. *Mesmer*, comme de raison, ne vouloit point faire un choix entre ces deux partis désagréables; mais l'Anglois persistant, il ne put s'y soustraire, & promit de ne point troubler les opérations du Docteur *Mesoduc* à *Londres*. Débarrassé enfin d'un homme aussi exigeant, M. *Mesmer* a, dit-on, porté plainte contre ce dur antagoniste.

Un nouvel objet éclipse un peu le Magnétisme & les Ballons. C'est un Roi voyageur qui partage avec eux l'attention de la Capitale. Ce Prince nommé *Marck Bouda*, Kan ou Roi d'*Oëre* près de la *Côte d'or*, est un jeune homme de 19 ans; d'environ 4 pieds 3 pouces de haut, ayant la tête fort grosse & le nez écrasé, en un mot un Negre fort lippu. Il a été présenté à la Cour, & le Roi lui fait une pension de 20,000 liv. pendant son séjour en *France*, où il est venu pour s'instruire à l'exemple du Czar *Pierre*.

Le 9 Décembre, le monarque Africain a honoré de sa présence l'assemblée du *Musée de Paris* au *Palais-Royal*. L'empreſſement de voir le Roi maure y avoit attiré une grande affluence de ſpectateurs & beaucoup de perſonnes de diſtinction. De toutes les lectures faites à cette ſéance, celle qui, par la circonſtance, a intéreſſé davantage, a été le diſcours de M. *Moreau de St. Remi* ſur les mœurs & uſages du Royaume d'*Oëre*, peu connu juſqu'à préſent, & ſur quelques particularités relatives à l'illuſtre voyageur. La religion des Oëriens eſt un compoſé du mahométiſme, du judaïſme & du paganiſme; ils vendent leurs priſonniers, comme dans toutes ces contrées, mais ils n'ont point la cruauté, ainſi qu'au *Benin*, de ſacrifier des eſclaves à la mort de leurs Rois. Celui d'*Oëre* eſt toujours couronné du vivant de ſon pere, c'eſt pourquoi *Marck Bouda* prend le titre de *Kan*.

Voici en peu de mots l'occaſion de ſon voyage; le Capitaine *Landolf* étant allé l'année derniere au *Benin*, pour la traite des Negres, fut invité par le Roi d'*Oëre* à paſſer dans ſes états, où aucun vaiſſeau européen n'avoit encore pénétré. Il s'y rendit, & le bâtiment fut pris à la remorque, avec des Canots, ſur le fleuve *formoſe*. Ces peuples n'ont nulle connoiſſance de la marine; ils ne font uſage que de canots ou de pirogues, conſtruits avec d'énormes troncs d'arbres. Pendant l'hyvernage qui dura plus de trois mois, le Capitaine & son équipage reçurent des Oëriens toutes sortes de bons traitemens, & le Roi prit, dans les conversations qu'il eut avec le capitaine, une si haute idée de la *France* qu'il n'hésita point à lui confier le Prince son fils, qui desiroit ardemment de connoître les mœurs européennes. *Marck Bouda* ne manque ni de courage ni de discernement. Le Capitaine *Landolf* étant tombé à la mer en montant sur son bord, le Prince Maure s'y précipita le premier pour sauver son conducteur. Il se plaît beaucoup en *France* dont il commence à entendre la langue, & il a tellement pris goût pour nos mœurs & nos usages, qu'il a formé le projet, de retour dans ses états, de vivre & de s'habiller à la Françoise : malgré les éternels préjugés de sa nation, il commence à croire que le Diable pourroit bien n'être pas blanc, & même il fait des vœux pour que toutes les Houris ne soient point noires. Toutes les Dames présentes à l'assemblée ont éclaté de rire lorsque M. de *St. Remi* observa dans son discours que toutes les femmes dans le serail du Prince, soupiroient après son retour. Les expériences de physique qui ont terminé la séance, ont beaucoup amusé le Prince Maure & le Duc de *Chartres* s'est beaucoup diverti de la frayeur de Sa Majesté Oëriene à la détonnation de l'air inflammable, & lorsqu'il reçut l'étincelle électrique. Après la séance, toutes les femmes ont entouré le Monarque Africain & lui ont fait cent questions sur son serail, ses goûts, sa maniere de vivre, &c. auxquelles il ne répondit que par des gestes assez plaisans. Chacun l'invite à dîner, on cajole le Capitaine *Landolf*, qui lui sert de truchement; Mad. la Princesse de *Listenois* les a reçus plusieurs fois chez elle: c'est à qui pourra traiter Sa Majesté Oëriene, & comme elle a beaucoup de goût pour les femmes, on présume qu'elle pourroit bien laisser en partant quelques petits rejettons de sa race.

On vient d'inventer un nouveau genre d'obscénité, inconnu jusqu'à présent & digne de faire nombre parmi les inventions de ce siecle. Ce sont des *vestes de petits-soupers*. Comme l'usage est maintenant d'agraffer l'habit, on ne voit point le haut de la veste, mais dans les orgies d'un certain genre, l'habit se détache & expose aux yeux des Messalines, des peintures & des broderies analogues au sujet de la fête & dignes de toute leur lubricité.

M. *François de Neufchâteau*, ce poëte précoce dont l'âge viril n'a point démenti ce que promettoit son enfance, a débuté d'une maniere très-honorable dans la charge de Procureur-général au Conseil-supérieur du *Cap* dans l'isle *S. Domingue*. Une cause singuliere lui a donné l'occasion de signaler ses premiers pas dans cette nouvelle carriere par la proscription d'une coutume ridicule & dangereuse que son ancienneté contribuoit à entretenir malgré les progrès des lumieres & de la raison. M. *de la Pommeraye*, greffier en chef de *S. Domingue*, à son arrivée dans l'isle, intenta un procès à l'équipage du navire à bord duquel il avoit fait la traversée, au sujet du *Baptême du Tropique*, que l'on avoit fait cherement racheter à un jeune homme confié à ses soins. Les parties ont été mises hors de Cour ; mais, à cette occasion, M. *François de Neufchâteau* a fait abroger & défendre cet usage absurde & tyrannique.

On ignore l'origine de ce *baptême*, mais les matelots de toutes les nations ne manquent pas de le faire subir ou d'en faire payer le plus qu'ils peuvent l'exemption, à tous ceux qui passent pour la premiere fois sous le *Tropique*. La cérémonie varie suivant les peuples : voici la maniere que les François ont adoptée. On range en haie sur le tillac, des cuves pleines d'eau; près de chacune d'elles se tient un matelot avec un seau à la main : le Maître-valet vient au pied du grand mât, le visage barbouillé, le corps entouré de *Garcettes* (petites cordes) dont quelques-unes lui pendent des bras : on le nomme *le Bon-homme Tropique*. Celui que l'on veut baptiser est amené devant lui; on le force de se mettre à genoux, & on lui fait jurer sur un livre, d'exercer les mêmes choses que l'on va exercer sur lui, toutes les fois que la même occasion se présentera. Ensuite il passe au milieu des matelots armés de seaux d'eau qu'ils lui renversent sur le corps. Cette cérémonie indécente & dangereuse avoit échappé jusqu'ici aux regards des législateurs, mais il faut convenir qu'il s'est trouvé des Capitaines assez éclairés pour ne point la permettre sur leurs navires.

Les Journalistes ont tous fait l'oraison funebre de *Diderot* : mais aucun n'a relevé l'anecdote suivante qui lui fait honneur & qui en fait encore plus au monarque son apologiste. Lorsque la seconde édition de l'*Essai sur Seneque* parut, quelques courtisans dénoncerent au Roi le passage où Louis XV. étoit maltraité. Le Prince témoigna son mécontentement au miniftre fupérieur de la librairie qui fit arrêter la vente & examiner le paffage. Il fe préfenta enfuite devant le Roi, & avoua que le morceau étoit affreux, que l'auteur étoit très-puniffable. — Très-puniffable, repartit le Prince? mais avez-vous lu l'ouvrage entier? Non, Sire, je n'ai lu que le paffage. — Lifez-le en entier, continua le monarque jufte & bienfaifant, vous y trouverez d'excellentes chofes qui rachetent bien le délit de l'auteur, & je lui pardonne bien volontiers.

Un voyageur me raconte le trait fuivant dont il a été témoin à *Berlin*.

Un Officier d'un rang diftingué avoit une fille qui, devenue veuve, retourna dans la maifon paternelle. Elle fit des avances au Chirurgien-major du régiment. Celui-ci, effrayé d'abord des fuites que leur liaifon pouvoit avoir, fe rendit enfin à fes careffes & à fes préfens. Elle devint enceinte: on effaya les médicamens connus pour détruire le malheureux fruit de ces criminelles amours. Ils furent inutiles. Les monftres réfolurent d'employer le fer & tout l'art de la chirurgie. La mere dénaturée fe foumit à tout: elle n'avoit pu furmonter une folle paffion & fupporta courageufement d'affreufes douleurs. L'opération eut un entier succès. Le fœtus enveloppé dans une serviette fut jetté dans des eaux marécageuses près de la ville. La Providence voulut que peu après des ouvriers furent envoyés pour nettoyer ces eaux. Ils trouverent la serviette & ce qu'elle contenoit. On reconnut la marque ; le public avoit plus d'une fois jetté les yeux sur les liaisons des coupables, ils furent soupçonnés, arrêtés & convaincus, par leur propre aveu. Le chirurgien fut condamné à avoir la tête tranchée & son amante à deux ans de prison. La sentence fut envoyée au Roi, suivant l'usage, pour avoir sa sanction. S. M. ayant lu ces horreurs, mit de sa propre main au bas de la sentence, que l'auditeur du Régiment qui l'avoit rendue devoit être cassé, que le Chirurgien-major devoit être roué vif à commencer par les pieds, & que la Dame devoit avoir la tête tranchée.

Une veuve dévote qui loge dans un fauxbourg de Vienne, avoit dans sa chambre une statue de N. D. richement habillée, ornée de perles, de cœurs d'or & d'argent, &c. Un quidam vint un jour la trouver, lui reprocha sa désobéissance aux loix du Prince, qui avoit fait ôter ces ornemens jusqu'aux statues des églises mêmes, & qui les toléroit encore moins dans les maisons particulieres, & lui dit enfin qu'il étoit envoyé par la police pour dépouiller sa statue & la citer devant ce tribunal, où elle devoit comparoître le lendemain, y être réprimandée & payer une amende pécuniaire. La veuve effrayée lui livra tous ces ornemens qui valoient au-delà de 200 florins & lui donna en outre un ducat en le priant d'excuser son ignorance auprès des Juges. Le lendemain elle se rendit au Bureau & fut bien abattue en apprenant qu'elle avoit été la dupe d'un filou.

M. de M**** a conservé jusqu'à la fin de ses jours sa gaieté & son humeur galante. Un Officier de distinction avoit sollicité vainement du Ministre de la guerre un congé pour venir à Paris où l'appelloient, disoit-il, des affaires pressantes. Il ne s'agissoit pourtant que de coucher avec une jolie femme; mais cette affaire, après tout, en vaut bien une autre. Sur des refus réitérés, le Colonel veut s'adresser à M. de M****, mais écrivant en même temps à sa divinité, il se trompe d'adresse, & la lettre suivante est celle qui parvient au vieux Ministre. ʺ Cher ange, *Segur* a la cruauté de me refuser la permission de voler

ler dans tes bras : je ferois au défefpoir fi je n'efpérois une réponfe plus favorable de M**** : c'eft un vieux paillard qui devinera bien l'objet de ma demande & n'en fera que plus difpofé à me l'accorder. Il fentira bien qu'à mon âge, on aime mieux mourir dans les bras de fa maîtreffe que de vivre dans une trifte garnifon. Encore fi, faute de myrtes, j'avois des lauriers à cueillir ! Mais je végete ici, tandis que mes camarades fe battent ailleurs : c'eft un f.... métier que la guerre en temps de paix. Je dis paix puifque ce n'eft pas pour moi que le canon gronde. Adieu, chienne de mine ; fi je te tenois, tu te doutes bien de ce qui t'arriveroit. En attendant que j'aille re furprendre comme je l'efpere, je te baife fur la parole... » M. *de M**** a beaucoup ri de cette aventure, a écrit une lettre charmante au Colonel, & celui-ci a obtenu ce qu'il demandoit.

Lorfque la Ducheffe de M****** atteinte de la maladie qui l'a conduite au tombeau, fut près de fa fin, le Curé de fa paroiffe fit de vains efforts pour pénétrer jufqu'à elle. La famille ayant donné aux domeftiques des ordres rigoureux pour qu'il fût introduit, il y parvint enfin, mais ce fut bien pis ; la Ducheffe le con-

Tome II. H

gédia elle-même avec humeur. Elle mourut : lorsqu'il fallut transporter le Corps à Chilly où elle fut inhumée, le Curé en chargea un de ses vicaires. L'usage est dans ces occasions que le Prêtre auquel le cadavre est confié, fasse un éloge succinct du défunt en le remettant au curé du lieu. Le Vicaire détailla toutes les qualités de la feue Duchesse & termina son Oraison funebre en disant qu'elle avoit été *Madeleine pécheresse & malheureusement point Madeleine pénitente*. La famille témoin de ce panégyrique hétérodoxe, en fut fort scandalisée & porta ses plaintes : le Vicaire a été interdit & le Curé en a ressenti un chagrin si violent qu'il est tombé malade. C'est un successeur du fameux L... de G...., qui pour des motifs un peu différens, dit-on, a le même desir de conserver la bienveillance des gens riches & en crédit qui meublent sa paroisse.

Deux bons bourgeois prirent un jour la poste à *Chaumont en Bassigny*, pour venir apporter à l'un de nos Ministres un projet à l'exécution duquel étoit, selon eux, attaché le bien de l'état. Le Ministre apperçut bientôt que les auteurs & le mémoire n'avoient pas le sens commun : trop honnête pour le leur dire, mais assez gai pour s'en amuſer, il prodigue des éloges à leur zele, leur conſeille de retourner dans leurs foyers, & leur promet de les faire avertir quand il en ſera temps. Mes champenois bouffis d'orgueil s'en vont à *Chaumont*, & s'arrangent comme des gens dont la fortune eſt faite. Au bout de quelques temps, fort ſurpris de n'entendre parler de rien, ils croient qu'on les a oubliés, mais ne doutent pas qu'une gratification confidérable ne leur ſoit deſtinée. Pour en hâter la jouiſſance, ils s'aviſent fort ſpirituellement de tirer une lettre de change de 20,000 liv. ſur le Miniſtre, le priant de leur faire l'amitié de la payer à compte. Celui-ci trouva le trait plaiſant, mais ce qui ne le fut pas au gré des tireurs, c'eſt que la lettre de change revint proteſtée. Abandonner la partie n'eût pas été brave; ils en fourniſſent une autre de 60,000 liv. & pour aſſurer le paiement de celle-ci, ils terminent la lettre d'avis par cette phraſe: *Un Miniſtre qui ne met pas en uſage les moyens qu'on lui offre de ſoulager les peuples & de faire fleurir un royaume dont les intérêts lui ſont confiés, & qui ne ſait pas récompenſer ceux qui lui en indiquent les moyens, ſe rend criminel de leze-Majeſté & mérite d'être puni en conſéquence.* Ceci paſſoit la plaisanterie. Les deux champenois o[nt été] amenés à la Bastille, en attendant sans dou[te] une place aux *Petites-maisons* (Hôpital des fous.)

Une superbe actrice venue de *Pétersbourg*, a débuté au théâtre françois à la fin de 1784, par le rôle d'*Alzire*. Son organe, son talent & son geste ne répondent point du tout aux charmes de sa figure ; elle a été traitée avec rigueur par le Public, qui ne trouve jamais une actrice laide quand elle est bonne. Le même jour a donné un spectacle nouveau à l'opéra. Un acteur y a parlé, c'est le S. *Cheron*. Il a annoncé qu'un rhume effroyable alloit l'empêcher de chanter son rôle dans l'opéra de *Dardanus* qu'on donnoit, & en effet il l'a psalmodié. A la fin du spectacle, il a été conduit à l'hôtel de *la Force*, pour avoir contrevenu aux réglemens qui défendent à tout membre de l'Académie royale de musique, de s'exprimer autrement sur le théâtre qu'en chantant.

L'air de *Richard-Cœur-de-Lion* a servi de patron à une infinité de couplets malins ou gaillards, mais le Vaudeville de *Figaro* n'a rien perdu de ses droits à cet égard. Voici deux Couplets nouveaux sur cet air. Ils font la critique d'un ufage qui a pris depuis quelque temps un nouveau crédit parmi les perfonnes du fexe. La multiplication des Clubs ayant éloigné les hommes de la fociété des Dames, on prétend qu'elles font en quelque forte juftifiées de ce goût bizarre & nouveau ou renouvellé des grecs.

Il eft des Dames cruelles,
Et l'on s'en plaint chaque jour :
Savez-vous pourquoi ces belles
Sont fi froides en amour?
Ces Dames fe font entr'elles,
Par un généreux retour,
Ce qu'on appelle un doigt de cour.

S'il eft des Dames cruelles,
On en vaincroit chaque jour
Si les hommes pour les belles
Etoient fermes en amour ;
Mais leur foiblefle auprès d'elles
Promettant peu de retour,
Les réduit au doigt de cour.

Lorfque M. *Turgot* abolit en 1776, les corvées en nature qui portoient feulement fur les pauvres, & qui étoient un monument bien honteux de l'oppreffion féodale, l'ouvrage de ce Miniftre citoyen périt avec lui. Mais comme après l'abolition de la corvée en nature, il parut impoffible de la tétablir, on y fubftitua un impôt en argent pour remplacer ce fervice nécessaire à la confection & à l'entretien des routes. Les personnes exemptes de la corvée personnelle crierent, selon l'usage, à l'arbitraire : pour les appaiser, il fut à-peu-près décidé que l'impôt pour la corvée seroit établi au marc la livre de la Taille ; mais cette méthode garantissoit aussi de la corvée les exempts de taille. M. *Dupré de S. Maur*, pour éviter cet inconvénient, crut devoir asseoir la corvée au marc la livre de la capitation, dont personne n'est exempt dans le royaume, mais cette opération déchaîna contre lui les membres du Parlement de *Bordeaux*, & des remontrances ameres furent le fruit d'une répartition juste. Toute la marche de cette affaire est développée dans un mémoire de l'Intendant de *Bordeaux*, & dans une *lettre d'un subdélégué de cette intendance à M. le Duc d****. Il paroît que le défaut d'une loi claire & précise sur les corvées a donné naissance à ces difficultés, qu'il est important pour le repos du gouvernement & pour le bonheur des cultivateurs, de faire promptement cesser.

L'histoire que l'on a faite de l'exil de l'élégant traducteur de Virgile, n'a aucun fondement. Voici le motif qui a engagé cet académicien à faire un voyage en *Tur-*

quie. L'Abbé de *Lille*, quoique d'une complexion délicate, a toujours plus consulté ses desirs que ses facultés physiques. Lui & l'Abbé de J...... devinrent amoureux de deux jolies personnes, sœurs M. V.... jeune poëte éleve de l'Abbé de *Lille*. Il parut plaisant au Marquis de *Champc*.... & à un de ses amis, de souffler aux deux Abbés leurs maîtresses : ce qui fut exécuté à l'insu des amans ; mais un événement imprévu troubla tout. L'une des deux Demoiselles devint enceinte, & ce fut précisément la maîtresse de l'Abbé de *Lille*. On voulut lui faire les honneurs de la paternité, dont il se défendit le mieux qu'il put ; l'amante infidelle joua son rôle à merveille, pleura, menaça de poursuivre l'Abbé : celui-ci aima mieux arranger cette affaire avec de l'argent. Le Marquis essuya les mêmes reproches, & ne se sentant pas la conscience bien nette donna 40,000 liv. S'il se piqua de générosité à cet égard, il n'eut pas celle de garder le secret, & l'Abbé de *Lille* bafoué, honni, chansonné, fut enchanté de trouver l'occasion de partir avec M. de *Choiseul-Gouffier*, qui alloit en Ambassade à *Constantinople*, afin de laisser oublier cette aventure.

Les bons mots de Mlle. *Arnoult* ont de la célébrité. On se reppelle que sa fille a épousé un jeune auteur nommé *Murville*. Mad. de *Murville* a tout l'esprit de sa mere & est extrêmement blonde. Ces deux personnes, en s'aimant beaucoup, se font réciproquement des niches assez gaies. Mlle. *Arnoult* avoit aimé le Comédien *Florence*, & après quelques mois l'avoit congédié avec éclat. Mad. de *Murville* applaudit à cette rupture, qu'elle croyoit sincere. Ces jours derniers, elle va voir sa mere le matin, & la trouve tête à tête avec *Florence*. Quand celui-ci se fut retiré, elle témoigna son étonnement à sa mere. — C'est pour affaire que cet homme est venu ici, dit Mlle. *Arnoult*, car je ne l'aime plus. — Ah, j'entens, repliqua Mad. de *Murville*, vous *l'estimez* à présent. Allusion fine au conte qui finit par ce vers : *Combien de fois vous a-t-il estimée ?* Quelques jours après cette aventure, dont Mlle. *Arnoult* n'a pas perdue la mémoire, un de ses amis vient à lui parler de sa fille, & lui demande s'il est vrai qu'un Anglois est amoureux de Mad. de *Murville*. — Je ne le crois pas, répondit-elle, je n'ai jamais oui dire que les Anglois prissent la *Toison d'or*.

On a tant parlé du *monstre du Chilly* qu'il faut bien en donner la description, quoique ce soit une plaisanterie dans le genre-des mystifications, que l'on a voulu faire au public.

„ Des chasseurs Espagnols au *Chilly* ont découvert un animal amphibie qu'ils ont réussi à prendre avec des filets & qu'ils conservent en vie. Ils lui ont donné le nom de *Harpie*. La représentation de la figure de cet animal a été envoyée à la Cour de *Madrid*, d'où on l'a fait passer en *France*, & elle commence à circuler dans le public. L'*habitude* de ce monstre ressemble en quelque sorte à celle du *Sphinx*, en ce que le train de derriere est horisontal sur la terre, & le train de devant est debout. Sa hauteur depuis le ventre jusqu'à l'extrêmité de la tête est de quinze pieds, & sa longueur depuis deux especes de pattes d'oye qui soutiennent le devant, jusqu'à l'extrêmité *des queues*, est de vingt-deux pieds. La partie supérieure est couverte d'un poil rude & la forme du corps ressemble à celle de l'homme. Du tronc s'éleve une tête fort extraordinaire, couverte d'une criniere qui pend des deux côtés. La tête au premier aspect offre la ressemblance d'un lion, mais comme la face est entiérement applatie, on y reconnoît bientôt celle d'un finge. Une gueule extrêmement ouverte & avancée lui donne un air de voracité qui eft effrayant. Des deux côtés de la tête s'élevent à une certaine hauteur deux grandes oreilles pointues & velues comme celles d'un âne. Au-deffus de ces oreilles font deux cornes tortues, comme celles du taureau. Et au dos de cet animal, vers la hauteur ordinaire des épaules, font placées deux ailes très-fortes, qui ont au-lieu de plumes des membranes pareilles à celles des ailes de Chauvefouris. Toute cette partie fupérieure de l'animal eft foutenue par les deux pattes d'oye placées un peu en avant du milieu du corps. La partie inférieure reffemble à celle du Phoque, excepté qu'elle eft couverte de groffes écailles. A deux pieds environ des pattes eft placée une feule nageoire qui s'agite véritablement dans l'eau, & qui fur terre augmente la rapidité de la marche de l'animal, de concert avec les ailes, dont il fait ufage lorfqu'il pourfuit fa proie. La partie inférieure fe termine en deux queues, dont l'une ayant des articulations jufqu'à l'extrêmité peut envelopper la proie de l'animal, & l'autre finit par un dard très-pointu avec lequel, dit-on, il la perce. "

" On peut juger par cette defcription

combien un tel animal est vorace; la relation ajoute qu'il se nourrissoit également de poissons sur la mer & de buffles sur la terre. Elle ajoute que les chasseurs ont eu beaucoup de peine à le prendre en vie avec de grands filets. Il a montré d'abord beaucoup de férocité, mais après qu'on lui a donné de la nourriture, il est devenu fort doux. Il lui faut beaucoup d'alimens, & on le nourrit alternativement avec du poisson & de la viande. ,,

Cette description a bientôt donné naissance à une gravure qui représentoit ce monstre chimérique. Il n'est pas bien prouvé que l'inventeur ait eu l'intention de faire une allégorie, mais la malignité en a imaginé mille.

Pendant que le Parlement de *Provence* instruisoit le procès du Président d'*Entrecasteaux*, pour le meurtre de sa femme, ce coupable renfermé dans les prisons de Lisbonne, adressoit à la Reine de Portugal une requête très-singuliere & digne d'être conservée. La voici.

,, V. M. voit à ses pieds un criminel, qui vient implorer de sa Justice une punition qui pour lui est une grace : c'est en tremblant qu'il éleve vers elle sa voix douloureuse; son délit en rendroit même indigne, si l'excès de ses remords n'en effaçoit pour ainsi dire l'indignité; cette seule réflexion l'engage à demander à V. M., une mort qui en le punissant de son crime, mettra fin à toutes ses peines. Je suis ce même *François* qui, arrivé dans vos états sous le nom emprunté de Chevalier de *Barral*, ait été arrêté par vos ordres. Je ne cacherai rien à V. M. Au contraire, pour mériter la grace que je lui demande, j'avouerai tout avec l'exactitude la plus scrupuleuse. Je m'appelle *Brunzi d'Entrecasteaux*, d'une famille noble de la *Provence*, né avec une ame honnête & créée pour la vertu, mais trop ardente ; je me suis rendu coupable d'un assassinat. "

" Transporté par une passion violente, & peut-être (pourrai-je ajouter) par un sentiment d'honnêteté, que j'ai porté à l'excès, je me suis trouvé coupable, au moment où je croyois n'être que vertueux. Dans le temps que je fais en rougissant un aveu si désagréable à V. M., mes remords intérieurs s'augmentent, les plaies de mon cœur se r'ouvrent & deviennent plus cruelles. Je sais bien que ce n'est pas là un châtiment proportionné à l'énormité de mon crime; tout ce que je demande, c'est de pouvoir en obtenir un qui puisse l'expier. Mes pere & mere me marierent lorsque j'étois encore bien jeune ; je n'avois que 18 ans. Je faisois un de ces partis avantageux que les parens acceptent toujours inconsidérément, sans réfléchir avant tout, s'il n'existe pas quelque antipatie entre les personnes qui doivent s'unir pour toujours. Une autre raison les détermina à me faire contracter ce mariage, c'étoit (à ce qu'ils disoient) afin de me mettre à couvert des passions de mon âge. Mais ils ne songeoient pas que les miennes ne s'étoient point encore développées, aussi leur précaution servit-elle plutôt à les enchaîner pour un temps, qu'à m'en défendre. Comme elles se trouvoient ainsi resserrées & restreintes, leur explosion fut plus violente, & les effets en furent plus funestes. L'instant arriva bientôt, auquel devoit naître la plus forte passion. Un objet séduisant me fit oublier ce que je devois à mon épouse. Cette nouvelle flamme embrasant un cœur sensible & neuf, y fit les progrès les plus terribles. Celle qui me l'inspiroit paroissoit propre à la justifier ; elle ne put résister à la véhémence avec laquelle j'exprimois mes sentimens. Le feu qui me consumoit ne tarda point à pénétrer jusqu'au cœur, & ce fut-là l'époque de tous ses malheurs, & par conséquent des miens. Une passion si puissante, soutenue par 4 années d'habitude & de familiarité, étoit parvenue à son plus haut degré, lorsque la famille vint à découvrir la personne qui en faisoit l'objet. Cet accident mit mon amante dans le cas de perdre l'espoir de sa félicité, sur laquelle elle avoit dû compter; & elle se vit en outre sur le point de perdre sa réputation, par le bruit qu'un tel événement pouvoit faire naître. Au désespoir de l'avoir réduite à une situation si cruelle, & ne pouvant y remédier, je voulus au moins la partager avec elle. Je lui fis la proposition de prendre la fuite avec moi, ce parti m'étant d'autant plus facile, que j'étois en âge de disposer de mes biens, & j'aurois aisément trouvé une somme assez considérable pour l'entretien de nous deux, dans quelque coin de la terre, que nous aurions cherché pour notre asile; mais cette ame divine, qui s'étoit perdue pour moi, ne voulut point que je me perdisse pour elle. Malgré mes larmes & mes prieres, elle demeura inflexible; ses refus, en me la faisant admirer davantage, me mirent au désespoir. Je ne vis aucun remede à son infortune, sinon celui que j'aurois pu y porter, si je n'avois point été marié. Cette idée fut cause de ma ruine. Le délire de la passion m'ayant réduit à la cruelle nécessité de choisir entre l'honneur de l'objet que j'adorois, & la vie de celle qui m'avoit été donnée pour compagne, le désespoir s'empara de mon cœur, ma tête chancela, & la main devint coupable. Ah, les forces me manquent à ce souvenir cruel, qui m'opprime & me déchire l'ame. Il est nécessaire que j'ajoute encore à ma honte, & pour donner à la vérité toute l'autenticité qu'elle exige, que j'ai été seul l'auteur d'un crime si atroce, je n'y ai point été induit par celle pour l'amour de laquelle je l'ai commis : son ame pure m'en auroit détourné, si elle m'avoit cru capable d'en former le dessein. ,,

,, Voilà le délit que je dénonce à Votre Majesté. Je demande vengeance contre moi-même. Elle satisfera à sa justice, en me punissant, & je bénirai sa clémence, qui me délivrera des tourmens que me causent mes remords. Dès que j'eus commis le crime, je me trouvai pénétré de toute son énormité, sans songer au parti qui me restoit à prendre. Cependant ma famille craignant l'ignominie attachée au châtiment, que je n'avois que trop mérité, me fit partir. Je pris la fuite, sans savoir où je devois aller passer le reste d'une vie si coupable. A peine mon esprit put-il recouvrer sa vigueur, qu'il l'employa toute à se tourmenter lui-même. Chaque jour me retraça l'image des tourmens les plus affreux. Le calme qui succéda quelquefois à ces troubles, me fit sentir des peines d'une autre espece. Ma passion n'étoit point éteinte par le crime qu'elle avoit occasionné, elle paroissoit avoir pris de nouvelles forces, & remplissoit le vuide de mon désespoir. ,,

,, Dans cette situation cruelle, je fus tenté plusieurs fois de me donner la mort ; mais, V. M. le croiroit-elle ? qu'elle juge par-là de la violence de mon délire. L'amour qui m'avoit rendu coupable, qui redoubloit encore mes peines, étoit le seul obstacle qui m'empêcha de mettre fin à mes jours. L'espérance de revoir celle qui en étoit l'objet, combattoit mes remords, dans le temps que j'en éprouvois toute l'horreur. Dans cette situation j'arrivai dans les états de V. M., où arrêté par ses ordres, je ne pus ignorer la cause de ma détention. Me voilà donc privé de l'unique espérance qui me soutenoit ; il ne me reste que mes remords & mon désespoir. La justice de la *France* me réclame, ma famille a eu assez de crédit pour obtenir que ma peine fût commuée en une prison perpétuelle. Mon esprit ne peut soutenir aucune de ces perspectives. Ce n'est certainement pas la mort que je crains, puisque je la demande à V. M. comme une grace. Mais ce que je ne pourrai jamais soutenir, c'est l'ignominie qui m'attendroit à mon arrivée dans ma Patrie, qui accompagneroit tous mes pas & qui empoisonneroit les derniers momens de ma vie. Ah, si je dois mourir que ce ne soit point dans mon pays. La seconde perspective me présente des idées encore plus terribles. En effet, quel genre de vie peut être plus triste que celui de se voir enfermé pour toujours, en bute à ses seuls remords, qui deviennent encore plus cruels par le défaut de distraction; ces tourmens, quoique longs & affreux, n'effaceroient jamais mon crime aux yeux de la Justice & des hommes. La mort donc, de quelque genre qu'elle puisse être, est mille fois plus préférable. Dans cette disposition, je me jette aux pieds de V. M. & je lui demande comme une grace de me faire subir dans ses états la peine que je n'ai que trop méritée. ,,

,, Mon ame n'étoit point faite pour le crime, un moment de délire l'a traînée dans l'abîme où elle est tombée. Non moins coupable, ni moins digne de châtiment, si elle ne peut obtenir le pardon, elle peut mériter quelque pitié. Que V. M.

daigne écouter cette pitié, en m'épargnant la honte de subir le supplice dans ma patrie, & en l'effectuant en *Portugal*. Je sais bien que les préjugés des *François*, lors même que j'aurai payé à la Justice la peine qui m'aura été imposée, ne me délivreront pas de l'infamie attachée à ma mémoire. La Justice étant une fois satisfaite, il ne reste plus aucune trace du délit, & le préjugé devroit s'en contenter. J'ose donc espérer, qu'en demandant moi-même le supplice que j'ai mérité, & en m'offrant volontairement, je pourrai délivrer mon ame d'une ignominie pour laquelle elle n'étoit point faite & qu'elle a pourtant encourue. »

» J'aurai dans mes derniers momens la consolation de penser que mon nom ne sera plus en horreur ; & lorsque je ferai mes derniers adieux aux auteurs de mes jours, je pourrai leur dire : *votre fils est encore digne de vous, il a effacé la honte dont il vous a couverts, il a satisfait pour le crime dont il étoit coupable, par-là, il est devenu digne de votre compassion.* Si j'avois le bonheur d'émouvoir la pitié de V. M., & que sa clémence l'induisît à m'accorder une telle demande, il ne devroit sûrement point arriver que sa Justice, qui s'intéresse pour tous les objets, craignît d'offenser le droit des Nations, en punissant dans ses propres états le sujet d'une autre Monarchie, qui a commis son crime dans sa patrie. Je me flatte au contraire de démontrer à V. M., que sa Justice même doit l'intéresser à me punir. Je ne suis pas coupable comme *François*, ce n'est pas cette Nation que j'ai offensée ; je suis coupable comme homme, & c'est à l'humanité entiere que je dois la peine de mon crime. Par-tout où il y a des hommes & des loix qui les gouvernent, je porte sur moi la marque de désapprobation, dont je suis noté. Par-tout où elle sera reconnue, on pourra faire couler mon sang ; c'est dans ce pays que j'ai déclaré mon crime à V. M., en lui dénonçant le coupable. Je suis à la fois l'accusateur, le témoin & le criminel. Que manque-t-il de plus ? sinon la condamnation, que je supplie V. M. de prononcer. »

» J'ose avoir le plus grand espoir dans une demande, qui met V. M. en état de réunir la Justice & la Clémence, deux choses bien difficiles à concilier dans ceux qui gouvernent. Si les tourmens d'une ame, violemment émue contre un délit si opposé à son essence, peut mériter quelque pitié, c'est la grace que j'implore de la Clémence de V. M., en lui demandant la mort, pour mettre fin à toutes mes peines, & expier un crime qui révolte l'humanité. Si au contraire je suis trop coupable pour mériter aucune grace, je provoque sa justice, je lui dénonce un coupable & la supplie de lui dicter son supplice. Si V. M. avoit eu une guerre à soutenir, je l'aurois suppliée, avant d'expier ma faute par le châtiment qui m'est dû, de pouvoir verser mon coupable sang à son service, afin que ma mort ne fût point entiérement inutile. Mais comme V. M. jouit du bonheur de faire goûter à ses sujets les douceurs d'une paix profonde, tout mon sang appartient à sa Justice; si j'obtiens cette grace, je lui serai redevable de l'acquisition de ma vertu, de la sûreté de mon honneur, & de la fin de toutes mes peines. Si au contraire elle juge que, vu l'énormité de mon crime, mon sang ne doit point infecter ses états, il ne me reste d'autre parti que celui du désespoir. Dans l'un & l'autre cas je ne cesserai, en expirant, de former des vœux pour la prospérité du regne de V. M. En attendant la décision qui doit fixer mon sort, je suis avec espérance, crainte, & avec le plus profond respect,

De Votre Majesté
Le très-humble & le très-obéissant serviteur Brunzi d'Entrecasteaux.

Nous avons plusieurs classes de roués. Les plus gais, mais non les plus benins, sont ceux que l'on nomme mystificateurs. Un de ces Messieurs a un jour trouvé plaisant d'inviter à souper les plus hupées de nos filles d'opéra, & de faire habiller en Capucins quelques-uns de ses amis, qu'il leur a présentés comme le Général & les principaux officiers de la Capuciniere de Rome. On leur a témoigné pendant le repas le respect le plus profond, & enfin à la pénible contrainte que les Belles ont été obligées d'observer pour soutenir leur rôle, a succédé l'humiliation de se voir traitées par les prétendus Capucins avec le dernier mépris & le libertinage le plus audacieux.

On portoit en terre un paysan de *Monbazon* près de Tours. Deux de ses voisins qui soutenoient le devant de la biere entendent un bruit *à posteriori*. --- Grand bien vous fasse (disent-ils sans s'arrêter ni se détourner : c'est l'usage en pareil cas entre paysans, comme chez d'autres de faire une inclination lorsque quelqu'un éternue.) Ils présumoient que l'éruption venoit de l'un des deux autres. A quelques pas de là seconde canonade, même réponse. Vient enfin une salve générale :

la patience leur échappe, ils mettent la biere à terre pour se gourmer avec l'arriere-garde lorsque tout-à-coup le mort vivant fait un dernier effort, pousse le dessus de la biere, en sort, l'emporte sur son dos, court en cet état au village & arrive enfin chez lui où il surprend sa femme qui le croyoit déjà bien enterré. On a soupçonné celle-ci d'avoir un peu aidé à la lettre, car l'homme étoit brutal, ivrogne, tant soit peu débauché, sujet d'ailleurs à des assoupissemens léthargiques. Faute de preuves, il n'a été fait aucune recherche à cet égard.

Un de nos Banquiers avoit pris en paiement un Billet de 64,000 liv. d'un Ministre étranger. Il en prévient l'Excellence. — M., répond-elle, je n'ai point sur la place de billet de cette somme; celui-ci est faux; je veux l'avoir.... On se rend ensemble chez le Banquier : l'Ambassadeur seul avec lui dans son cabinet, n'a pas plutôt le billet entre les mains qu'il le déchire, en disant que c'est un billet escroqué. Le négociant veut faire fermer les portes, appeller un Commissaire. L'Ambassadeur se radoucit & lui dit : — M., j'ai fait une étourderie, tenez-vous tranquille, je vais vous donner un nouveau billet semblable. Après l'avoir écrit il reprend : -- Mais, M., le billet que j'ai déchiré étoit nul : je l'avois fait pour le montant d'une partie de diamans que j'ai acheté de Mlle. *Duver....*; je lui ai payé ce billet depuis, & j'ai cru le lui voir brûler ; elle a sans doute jetté au feu devant moi un autre papier en place du billet : avant de vous remettre le nouveau, je veux savoir comment il vous est venu, & que vous veniez avec moi chez le Lieutenant de police pour y faire votre déposition. Le Banquier monte dans le cabriolet de l'Ambassadeur qui le menoit lui-même ; mais au-lieu d'aller à la police, celui-ci fait de grands détours, & dit enfin au négociant qu'il doit absolument se séparer de lui pour aller chez un autre Ministre avec lequel il a un rendez-vous important. Après deux heures de promenade & de discussion, il fallut bien que la pauvre Banquier quittât la partie les mains vuides. Il s'est plaint, & a obtenu que M. de Vergennes intervînt pour arranger cette affaire.

On a vérifié qu'en effet le billet avoit été escroqué à l'Ambassadeur & mis ensuite sur la place. S. E. l'a racheté moyennant 600 louis, d'après ce principe que les François ont tant d'occasions de mettre en pratique, que, *quand on fait une sottise il faut la boire.*

Un ingénieur au service de l'Empereur s'étoit distingué dans une opération dont il avoit été chargé. Le Conseil aulique de guerre, en faisant son rapport au Souverain demanda pour lui une gratification de 500 florins. S. M. I. par une distraction qu'occasionna la foule des expéditions, écrivit 5000 au-lieu de 500. Le Président du Conseil représenta au Monarque cette différence. Je me suis bien apperçu, dit S. M., que je mettois un zéro de trop, mais puisque je l'ai mis, il restera & l'ingénier aura 5000 florins : *Quod scripsi, scripsi.*

Il vint à Vienne en 1782, un Ambassadeur de l'Empereur de *Maroc*, qui fournit une ample matiere à la curiosité & aux conversations. En passant à Venise il alla au spectacle & y fut reçu dans une loge richement décorée. On avoit couvert la balustrade d'un superbe tapis de velours cramoisi brodé en or. Le Ministre Africain se méprit d'une maniere très-fâcheuse sur sa destination, & chercha à s'y asseoir à la Turque. La place étoit un peu incommode, mais les modes sont si bizarres & si diversifiées qu'il crut devoir se prêter en cette occasion à celle de Venise, non sans pester intérieurement contre les sots fots ufages d'Europe, ou l'ignorance de fes hôtes. En travaillant à arranger fes jambes fur cette étroite furface, l'équilibre lui manqua tout-à-coup & l'Excellence Marocaine culbuta dans le parterre, au grand fcandale du Corps diplomatique. Il en fut quitte heureufement pour de grands éclats de rire des fpectateurs indifcrets, & une bleffure à la jambe, où il n'y paroiffoit plus quelques femaines après.

Cet Ambaffadeur étoit au refte un homme aimable & inftruit, mais il n'en étoit pas de même des gens de fa fuite. Comme ils mouroient de froid à Vienne, dans le mois de Février, ils faifoient dans les poëles & dans les cheminées un feu épouvantable. Le Propriétaire de la maifon, jugea prudent, au bout de quelques jours, de faire ramoner fes cheminées pendant que les Marocains dormoient encore. Ils s'éveillerent au bruit que le ramoneur fit en defcendant du tuyau & en fautant à terre. On ne peut peindre la frayeur de ces hommes fuperftitieux à la vue du fantôme noir qui leur offroit un fpectacle tout nouveau pour eux. Ils ne douterent pas que ce ne fut l'ange noir de Mahomet, & ils font partis fans être diffuadés.

Lorfque l'Empereur envoya des troupes dans les Pays-Bas, pour foutenir fes prétentions contre les Hollandois pour l'ouverture de l'efcaut, on a fait courir cette prétendue réponfe du Roi de Pruffe au Commandant de l'une de fes places, qui lui avoit demandé quelle devoit être fa conduite dans le cas où les Autrichiens voudroient paffer fur fon territoire : *Si les Autrichiens fe préfentent pour traverfer mes états, dites-leur qu'ils fe trompent ; s'ils perfiftent, faites-les prifonniers ; s'ils fe défendent, tuez-les.*

On cite mille mots heureux du Duc de Nivernois. La Reine remarquoit un jour que la médaille d'un Chapitre dont elle venoit de fe rendre la protectrice n'avoit point de légende. Cette médaille repréfente d'un côté l'image de la Vierge & de l'autre celle de la Reine. La Légende, dit le galant éleve ou fils de Voltaire, fe préfentera à l'efprit de tout le monde. En voyant la Mere de Dieu, on dira : *Ave Maria*, & pour le portrait de V. M., l'on continuera : *Gratiá plena.*

Si les lettres ne jettent pas aujourd'hui en *France* un éclat auffi brillant que fous le regne de *Louis XIV.*, ce n'eft pas faute de foins de la part du gouvernement ni de protection de la part des grands. Il y a peu d'écrivains, même parmi ceux dont le talent est médiocre, qui ne reçoivent des bienfaits de quelque Prince ou de quelque grand seigneur ; certains Ministres vont même au devant du mérite littéraire dès l'instant qu'il leur est annoncé. M. le Baron de *Breteuil* a formé un établissement qui honoreroit les plus beaux jours de la littérature. Il a choisi dans l'Académie *des Inscriptions*, huit hommes de lettres qui sont chargés d'examiner & d'extraire les principaux manuscrits de la Bibliotheque du Roi. Chacun de ces écrivains jouira d'une pension de 1500 liv., & celle de M. *Dacier* qui est à la tête de ce comité, sera de 2000 liv. Un pareil encouragement seroit très-avantageux pour les autres gens de lettres, & l'on assure que, pour remplir cet objet, M. le contrôleur-général a formé le plan dont voici le précis. Les feuilles périodiques seroient confiées à des écrivains qui se seroient faits des titres par leurs ouvrages. Le produit de ces feuilles leur assureroit d'abord un revenu convenable ; la critique passant par les mains de gens exercés, perdroit cette âpreté qui la rend si fâcheuse, & l'excédent du bénéfice seroit employé en pensions pour les écrivains que leur âge ou leur fortune mettroient dans le cas d'avoir besoin de ces secours. Ce projet est beau, mais son exécution paroît susceptible de bien des inconvéniens, quand on songe que les entreprises littéraires seront données comme celles des vivres, à la richesse & sur-tout à la faveur, qui est toujours capricieuse & qui s'obstine à ne vouloir pas être gênée dans ses préférences.

Le Magnétisme joue un rôle jusques chez les Confiseurs de la rue *des Lombards*. Ils ont coutume d'offrir au public dans le temps des étrennes, des plateaux ornés de figures, & représentant les événemens les plus intéressans qui sont arrivés dans l'année. Au premier de l'an 1785 ils ont fait choix des principales scenes de *Figaro* & des *Docteurs modernes*; particuliérement celle du *Baquet de Santé* & de la *Salle des Crises*. On s'y porte en foule. Dieu sait quel scandale pour les partisans de la nouvelle Doctrine.

Dans un pamphlet qui ne fait pas le moins sensible de leurs chagrins, on a pris pour base l'anecdote que voici.

Mlle. *Arnoult* de l'opéra avoit un petit chien auquel elle étoit fort attachée. Il tombe malade; on le porte chez *Mesmer* qui pour prouver la vertu du fluide fur les animaux, magnétife le chien. Le malade éprouve des crifpations, des convulfions, en un mot les crifes les plus favorables. Il guérit. On le reporte à fa Maîtreffe qui donne gaiement un certificat de guérifon ; mais le lendemain le chien meurt. *Au moins*, dit malicieufement Mlle. *Arnoult, je n'ai rien à me reprocher, le pauvre animal eft mort en parfaite fanté.*

On a raconté cette anecdote du voyage de M. le Comte de *Choifeul-Gouffier*, dans fa navigation de *Toulon* à *Conftantinople*. L'Abbé de *Lifle* qui eft paffé avec cet Ambaffadeur, fe trouvant à portée de la côte de l'ancienne ville de *Troye*, ne put réfifter au defir de reconnoître les ruines de cette fameufe ville. Il s'embarqua, lui troifieme avec deux officiers, dans une chaloupe. M. de *Senneville* qui commandoit le vaiffeau le *Séduifant*, exigea que le voyage de ces MM. ne durât que deux heures, & qu'ils ne communicaffent pas avec les Turcs fufpects de contagion ; mais à peine la chaloupe les eût-elle mis à terre qu'ils oublierent l'ordre. On fit le fignal de retour à la chaloupe, elle rejoignit le vaiffeau & les laissa sur la côte. Sur les instances de l'Ambassadeur, le Capitaine attendit encore quelque temps les voyageurs qui revinrent enfin sur une saïque turque. M. de *Senneville* craignant d'infecter son vaisseau, refusa de les recevoir, à moins qu'au préalable ils n'eussent été purifiés en se faisant plonger trois fois nuds dans la mer. Cette cérémonie fut faite & ensuite on les reçut dans le vaisseau. Les lettres de l'Abbé de *Lisle* que l'on a reçues par le retour du vaisseau qui a ramené M. de *S. Priest* à *Toulon*, ne font pas mention de cette anecdote. Il y confirme ce que M. le Baron de *Tott* a avancé dans ses mémoires, de l'état déplorable de la *Turquie*, & dit qu'*il croit assister à la derniere représentation de l'Empire Ottoman.*

Une Emérite de Cythere, Mad. de S. A*** après avoir ruiné son mari en se perdant elle-même, s'est avisée de prendre par spéculation, du goût pour un Américain fort riche. Elle admettoit chez elle (car il y a toujours des *admis* avec les Dames) un *Monsieur* qui annonçoit des dispositions pour la dépense. Celui-ci devint jaloux du bonheur de son rival: il suffit de mettre le pied dans ces maisons là pour prendre des passions, sans savoir pourquoi ni comment, & il est assez naturel d'y regarder le genre-humain comme son rival. Enfin il s'exhala un jour en plaintes & en personnalités assez dures sur le compte de la Dame qui étoit absente. L'américain le défia de répéter ses propos à son retour. A peine eut-elle reparu que le jaloux recommença de plus belle, & s'emporta même au point de porter à son tour un défi au créole. Celui-ci devint sourd & muet sur le champ. Mad. de S. A***, qui croyoit déjà voir son amant baigné dans son sang, éclata de telle force qu'on donna des gardes aux deux concurrens. Mandés le lendemain chez le Maréchal de R***, ils s'y sont rendus. *M.*, dit le vieux & brave militaire avec les graces qu'on lui connoît, en s'adressant à l'américain, *vous défendez à ravir l'honneur des Dames, je vous en fais mon compliment :* puis il lui tourna le dos : son adversaire fut introduit. *Pour vous, M., vous serez puni.* — *Mais, Mgr., c'est une P.....* — *Raison de plus, M. ; plus femme qu'une autre par conséquent : un an & un jour de prison vous apprendront à vivre à cet égard, & je m'estimerai très-heureux d'avoir été le précepteur d'un aussi brave homme que vous.* Il est à remarquer que tout cela se passoit en présence de la Dame outragée, qui d'abord crioit vengeance, & qui est sortie fort contente du Duc qu'elle n'appelle plus depuis que *son bon ami M. le Maréchal*,.... C'est être trop bonne. Au reste le condamné est sorti, le même jour, de prison par les mêmes ordres.

On mande de *Cantorbery* l'anecdote suivante. Un homme & sa femme s'étant querellés, dans le parc du Duc de *Dorset*, à *Knowles*, ces malheureux, ivres tous les deux, firent succéder les coups aux injures; la femme fut si maltraitée, que quand la colere du mari fut passée, la voyant par terre sans mouvement, il éprouva un tel regret de ce qu'il venoit de faire, qu'il se pendit à une branche d'arbre avec une corde qui lui servoit de ceinture. La femme revenant à elle sur ces entrefaites, & voyant son mari pendu, se releva le mieux qu'elle put, & se traînant sur ses mains & ses genoux aux pieds de cet époux chéri, elle les lui tira de toutes les forces qui lui restoient, en lui disant tendrement : *oui, mon cher ami, ton attente sera remplie*. Mais elle tira si fort que la corde se rompit, & que le pendu tomba par terre. Il n'y fut pas un quart d'heure qu'il reprit connoissance à son tour. Sa femme lui ayant alors avoué le service qu'elle auroit désiré lui rendre, il devint de nouveau furieux, & se jetta sur elle une seconde fois, en lui passant au cou la corde qui lui avoit servi ; il la pendit ensuite au même arbre, & le fit si bien qu'elle y est restée.

La ville de *Douvres* vient d'avoir le spectacle horrible d'un pere complice de son fils, devenu témoin contre lui : c'est sur son témoignage seul qu'il a été condamné à mort. Ce misérable qui avoit été lui-même l'instituteur de son fils, a donné pour raison de cette atrocité que comme ce devoit être le sort de son pauvre enfant, d'être pendu tôt ou tard, il étoit indifférent que ce fût par son témoignage ou par celui d'un autre que cela arrivât. (*Le complice d'un scélérat, dont il facilite la conviction en se rendant* évidence pour la couronne, *obtient sa propre grace*.)

M. de *Buffon* a eu un mal aux yeux si violent que l'on a craint qu'il ne perdît l'usage de cet organe. On a fait là-dessus ce quatrain :

Ah, s'il est vrai que Buffon perd les yeux
Que le jour se refuse au foyer des lumieres,
La nature à la fin punit le curieux
  Qui pénétroit tous ses mysteres.

On a vu se former, à la fin de l'automne dernier, dans les environs de Paris, une troupe de voleurs, qui paroissoit disposée à se rendre aussi redoutable que l'a été celle de *Cartouche*; mais on ne lui en a pas laissé le temps. Son chef se nommoit *Poulailler* & avoit le fanatisme de son état, comme celui dont il vouloit suivre les traces. Le peuple étoit persuadé qu'il avoit le don de se rendre invisible, parce qu'il a en plusieurs occasions, échappé avec beaucoup d'adresse aux poursuites des archers. Il écrivoit aux brigadiers de la maréchaussée, qui le guettoient, qu'ils prissent garde à eux, parce qu'il leur en devoit depuis long-temps, & qu'ayant encore six mois à vivre, il sauroit les employer à se faire justice. Il a deviné à-peu-près juste.

L'économe de la maison des fous à *Waldheim* en *Hongrie*, se trouva, un jour, seul dans la chambre d'un fou, qui ayant pris un couteau & l'appuyant assez rudement sur la poitrine de l'économe, le menaça de le lui enfoncer, s'il ne se décidoit à sauter avec lui par la fenêtre. Vivement pressé par cet insensé, & ne se sentant pas le plus fort, l'économe lui dit : Tu veux faire une chose surprenante :

c'est fort bien ; j'aime les gens d'esprit ;
mais je sais un expédient encore plus glorieux & plus difficile : car il n'y a rien
d'étonnant à sauter à travers une fenêtre.
Descendons & sautons de la rue dans la
chambre ; voilà qui sera plus merveilleux :
— Vous avez raison, répondit le fou ;
sautons de la rue dans la chambre. Ainsi
échappé du danger, l'économe appella des
gens pour être spectateurs ; il fit lier le
fou, & on le reconduisit dans sa chambre,
où on ne laissera plus de couteau à sa disposition.

M. *de la Martiniere* premier Chirurgien du Roi étant mort sans tester, sa
riche succession a dû passer à des parens
qui étoient de pauvres laboureurs. Ils sont
venus à *Paris*, au nombre de quatre, tous
du nom de *Pichaut*. Les Avocats chargés
d'examiner les titres de parenté de ces
quatre braves gens, ont trouvé que trois
d'entr'eux étoient d'un dégré plus proche
que le quatrieme, & que la représentation
en ligne collatérale n'ayant pas lieu, ce
malheureux quatrieme n'avoit aucun droit
au partage. Les trois autres fâchés de ce
que leur Camarade ne pouvoit rien obtenir de la loi, ont demandé aux Avocats
s'il ne leur étoit pas permis de prendre sur

leur portion de quoi lui faire un fort. Sur la réponse affirmative, ils ont arrêté de céder à ce parent une somme de 160,000 livres dans la succession, & en lui faisant ce don solemnel, ils lui ont dit qu'ils regrettoient de ne pouvoir faire davantage pour lui, attendu qu'ils avoient d'autres parens dans la misere. De pareils traits de grandeur d'ame & de bienfaisance sans ostentation, sont rares, mais enfin on les a vus se répéter dans ce siecle tant décrié.

Parmi les inventions nouvelles il en est une fort singuliere que M. d'*Audouard* vient d'annoncer. C'est un nouveau moulin sans ailes ni croisées. Un mouvement auquel il suffira de toucher une fois pour lui donner l'essor ou l'arrêter, n'aura d'autre interruption que la volonté de celui qui le dirigera. Cette machine ira sans secours humain, sans celui de l'air ni de l'eau ni du feu, sans contrepoids ni balanciers ! Ce qu'il y a peut-être de plus étrange, c'est que l'inventeur ne demande ni fonds ni souscription, mais seulement le temps nécessaire aux ouvriers pour la construction. En attendant la réussite de cette merveilleuse machine, il est prudent de la mettre dans la classe des chimeres du mouvement perpétuel ou des *sabots élastiques*.

M. *Pilâtre de Rozier*, tranquille dans son attelier, écrivoit à ses amis que son rival n'étoit pas prêt, & qu'il étoit certain de le devancer. M. *Blanchard* harcelé de son côté par ses souscripteurs & par le Docteur *Jefferies*, son obstiné compagnon de voyage, n'annonçoit rien, mais il travailloit à préparer son Aërostat. Depuis le 1er de l'an 1785, les côtes d'*Angleterre* & de *France* étoient couvertes de curieux & de lunettes, toutes les fois que les vents paroissoient favorables à l'arrivée de quelque voyageur aërien. Enfin, le vendredi 7 de Janvier vers 2 heures & demie de l'après-midi, un observateur placé sur la côte de *Boulogne*, découvrit en l'air un petit point noir, qu'il prit pour un Ballon. Il monta aussi-tôt à cheval, & suivit en diligence le Ballon qui grossissoit en s'approchant & qui longeoit un peu la côte vers la forêt de Guines. A 4 heures du soir, il vit s'abattre un Aërostat & dans la Gondole M. *Blanchard* avec son fidele compagnon le Docteur *Jefferies*. Ainsi M. *Blanchard* est le premier navigateur aërien qui ait traversé la mer. Les Professeurs de physique continuent de soutenir qu'il n'y entend rien & que ce voyage est tout simple ; mais le Public qui se rappelle avec quelle audace cet aëronaute partit seul du *champ de Mars*, lorsqu'on eut mutilé son globe, reconnoît un courage aussi intrépide dans le voyage hardi qu'il vient de faire le premier, & qui immortalisera son nom, ainsi que celui de son compagnon. Les envieux qui cherchent toujours à attenuer la gloire qui les offusque, répetent que son entreprise étoit bien plus facile que le voyage projetté par M. *Pilâtre*. A la bonne heure, répondent les bonnes gens, que M. *Pilâtre* fasse donc ce voyage ; alors nous le fêterons ; mais il ne sera toujours que le second voyageur aërien qui ait franchi un bras de mer. Un homme de beaucoup d'esprit devant lequel on déprisoit le voyage de M. *Blanchard*, dit : M. *Blanchard a été regardé jusqu'ici par les savans, comme le* Poinsinet *des Ballons ; mais aujourd'hui l'on pourroit bien le regarder comme le* Voltaire *de l'art de naviguer en l'air.*

Une femme sortant de l'église entendit un aveugle qui disoit à un évêque : *Monseigneur, c'est aujourd'hui votre fête ; il faut me faire la charité.* La Belle Dame ne perd pas une minute pour envoyer un bouquet à Monseigneur & lui fait dire que c'est un aveugle qui lui a appris que c'étoit le jour de sa fête. Voici ce qu'il répondit :

Un aveugle m'attire un souvenir bien doux :
   Que mon bonheur seroit extrême
   Si cet aveugle étoit le même
   Qui me fait tant penser à vous.

On n'ose nommer ni l'évêque ni la Dame.

Mdlle *Guimard* est devenue Dame de miséricorde ; elle visite les pauvres de sa paroisse, parle souvent de vertu & danse toujours à l'opéra. On lui annonça l'autre jour un jeune homme qui venoit implorer sa protection pour avoir une place dans les fermes. Elle étoit sur sa chaise longue, & dit à son laquais : *Cet homme a-t-il des mœurs ?*

On vient de reveler une singuliere méprise que le célebre *Buffon* a faite dans son *Histoire naturelle*. Elle pourroit bien, ainsi que quelques autres, rabattre un peu de l'estime que cet écrivain a toujours accordée aux relations des marchands & des Missionnaires. Il a donné le nom de *Chiri* à la *Mangouste*, disant que les Malabares l'appelloient ainsi. *Chiri*, dans la langue de ces peuples, est le nom d'une chose qu'on ne se permet point de nommer, & les gens de la basse classe parmi eux, employant souvent comme dans les autres contrées, les expressions les plus sales, se sert quelquefois de celle-ci pour répondre aux questions des Missionnaires. L'un en voyant une Mangouste, aura demandé son nom; on lui aura fait cette réponse & il aura écrit *Chiri* sur ses tablettes.

L'Abbé *Gagliani* s'égayoit dans un repas aux dépens d'une Dame qui étoit absente : il poussa le sarcasme au point qu'un homme qui se trouvoit à l'autre bout de la table, & qui avoit sans doute ses raisons pour s'intéresser à la Dame dont on parloit, l'apostropha ainsi : *M. l'abbé, vos propos sont impertinens, & si j'étois auprès de vous; je vous donnerois un bon soufflet, ainsi tenez-le pour reçu.* -- *M.*, repartit sur le champ l'abbé, *mon état ne me permet pas de porter une épée, mais si j'étois auprès de vous, je prendrois celle de l'un de mes voisins, & je vous la passerois au travers du corps, ainsi tenez vous pour mort.* On voulut répliquer ; l'abbé soutint que puisqu'il avoit tué son homme, tout devoit être dit; les convives rioient aux éclats, & celui qui avoit fait cette vive sortie contre lui fut obligé de se mettre à l'unisson.

On donne pour authentique la relation suivante d'une maladie singuliere qu'a eu un Curé italien. Quoi qu'il en soit il est mort en France, dans l'année 1766, une Religieuse qui avoit éprouvé des accidens à-peu-près semblables.

Je suis né en 1745 dans le village de *Maria*, de parens jeunes, sains & robustes. Je passai du sein de ma mere dans ses bras pour être nourri de son lait. Cet aliment salutaire donna à mes organes un prompt accroissement & sur-tout une constitution vigoureuse. Les ris, les jeux, la santé, soignerent mon enfance; nulle langueur, nulle infirmité. Il sembloit que j'avois été excepté des malédictions lancées contre la race d'Adam; & ces heureuses dispositions hâterent ma virilité. A peine avois-je achevé ma onzieme année, que la beauté séduisante faisoit déjà sur mes sens & sur mon cœur une vive impression. J'aimois à rencontrer ce sexe enchanteur, & j'égarois déjà mon imagination sur les charmes qu'il dérobe à nos yeux.

Ut vidi, ut perii, ut me malus abstulit error.

J'aurois sans doute obéi à de si doux penchans, si je n'avois été retenu par les exhortations continuelles de mes parens qui me destinoient à l'état ecclésiastique, non comme à l'état le plus saint, mais à celui qui pouvoit relever ma famille. Je n'entrois point dans ces vues d'économie, & ce combat entre les sens & la raison fut l'époque de mes maux & la cause de mes infortunes. Je ne prétends pas dire que dans un âge si tendre il m'eût été salutaire de suivre les conseils de mes passions, mais peut-être mes parens devoient-ils chercher à les adoucir & non à les étouffer. Ils auroient pu détourner ma curiosité sur d'autres objets, occuper mon esprit des sciences, dompter mon tempérament par les exercices du corps. Mais tous ces objets ne faisant point partie de mon éducation, la nature me ramenoit sans cesse vers ceux qui portoient le bonheur dans mon ame. Partagé entre l'amour impérieux du plaisir & les remords de ma conscience, épouvanté de l'horreur qu'inspire le premier crime, ne pouvant plus supporter un état si violent, je pris la salutaire résolution de répandre mes chagrins dans le sein de mon pere.

Cet honnête homme plus occupé de sa profession que de mon état douloureux, plus attaché à ses intérêts qu'à ma félicité, ou plutôt (je lui dois cette justice) la cherchant où il ne devoit pas la trouver, m'expose la médiocrité de sa fortune, le nombre de ses enfans, & exagere les richesses & les avantages de l'état ecclésiastique, auquel me destinoit un oncle qui vouloit me faire passer ses bénéfices. Me voyant insensible aux flatteuses espérances que l'avenir faisoit briller à mes yeux, il me serra tendrement dans ses bras, me conjurant de donner du pain à lui & à mes freres. Pere aveugle! il ne savoit pas tous les maux qu'il préparoit à lui & à toute sa famille; il ne savoit pas que la violence que je me faisois pour obéir, devoit me rendre victime d'une des plus affreuses maladies.... Hélas! je l'ai vu depuis ce pere infortuné, surpris, atterré, immobile à la vue d'un fils languissant. Je l'ai entendu exprimer sa douleur, se reprocher une faute, qui est peut-être plus celle de la Société que la sienne; je l'ai vu enfin succomber sous ses remords trop tardifs, &

descendre au tombeau avant d'être parvenu à la moitié de la carriere ordinaire.

Ma vocation à l'état ecclésiastique fut donc décidée par intérêt, & acceptée par résignation. De ce moment je jurai au ciel de combattre la nature. Quelle entreprise! celle de ces audacieux mortels, qui entassant monts sur monts vouloient détruire l'Olimpe, ne peut pas lui être comparée. Quel abyme s'ouvrit sous mes pas!

Je commençai d'abord par établir mon nouvel état sur deux bases inébranlables. La crainte de Dieu, sans cesse présente, s'opposoit à mes pensées, à mes desirs, à mes sentimens les plus secrets. La crainte du blâme public m'éloignoit des Sociétés dangereuses & d'un monde un peu choisi. Au milieu des efforts qui agitoient mon ame, je desirai un guide. C'est dans la tempête qu'on a besoin d'un pilote expérimenté. Mon choix tomba sur un vieux ecclésiastique chez qui les passions étoient éteintes, ou plutôt qui n'en avoit jamais connu d'autres que celle d'accoutumer les jeunes gens au célibat.

La plus forte preuve que je pusse lui donner de la sincérité de mes intentions fut de lui ouvrir mon cœur, & de lui dire combien la fougue de mon tempérament étoit opposée aux devoirs qu'imposoit la Religion à ses Ministres. Ce premier aveu au-lieu de le rebuter ne fit qu'enflammer son zele. Selon lui j'étois destiné à remporter une victoire qui intéressoit le ciel; j'étois dans le cas de fixer l'attention de Dieu & de la cour céleste; & sur le point de cueillir des lauriers auxquels il vouloit prendre part comme *Patrocle* faisoit pour *Achille*. Il voyoit déjà dans les cieux la couronne de gloire & d'immortalité. Zele inconsidéré! ce bon prêtre ne savoit pas quelles contradictions s'élevent entre la *Nature* & la *Grace*; que la grace soutient, purifie, perfectionne la premiere, mais ne la détruit jamais, à moins d'un miracle, & quel miracle encore!

Cependant victime de l'ignorance de mon directeur & de ma crédulité, j'acceptai ses conseils & j'entrai dans toutes ses vues. Il me parloit sans cesse de la faute du premier homme que devoit expier sa postérité, & me représentoit un Dieu vengeur, jaloux, terrible. Pour lui plaire je m'interdisois jusqu'à la vue de la campagne. La lecture des livres ascétiques fut la seule nourriture de mon ame. J'éprouvai une tristesse profonde que je crus être la perfection de la religion chrétienne. Mon directeur me disoit que le malin esprit m'empêchoit d'embrasser l'état ecclésiastique ; mais qu'aussi-tôt mon sacrifice fait, la paix & la sérénité descendroient dans mon ame.

Le jour de ce sacrifice arriva enfin. Je me traînai aux pieds des autels avec cet ennui secret qui accompagnoit toutes mes démarches ; je fléchis le genou, baissai la tête, & tombai comme une victime sous le couteau du sacrificateur, couteau mille fois plus cruel que celui qui immola la fille *de Jephté & d'Agammemnon*, puisque celui-ci frappa la victime d'un seul coup, tandis que mon supplice dure encore.

Puisqu'il étoit prononcé, ce vœu barbare, il falloit l'accomplir. J'adoptai le genre de vie des anciens anachoretes, & résolu de m'occuper sans cesse pour éloigner toute pensée voluptueuse.

Sur ces entrefaites mourut mon vieux oncle, qui devoit me faire héritier de ses biens économisés, & de ses bénéfices. Ce prétendu héritage suffit à peine aux frais de ses funérailles, & quant à ses emplois, ils furent donnés à des hommes plus capables de les remplir. La voilà donc évanouie cette flatteuse espérance ! après trois ans de sollicitations, & d'importunités, j'obtins la cure d'une pauvre paroisse de campagne. Ma solitude nouvelle me fit espérer une existence plus tranquille. Quel danger pouvoit-il y avoir au milieu de quelques familles d'agriculteurs, que je voyois une fois la semaine ?

Six mois s'étoient déjà écoulés depuis que je goûtois quelque ombre de tranquillité, lorsque la saison de l'automne, qui peuple les campagnes, des oisifs des villes, vint de nouveau troubler mon repos. Ma défaite étoit d'autant plus sûre, que je ne craignois pas le danger.

J'étois dans ma trente-deuxieme année, lorsqu'une nuit, mon ame échauffée par le souvenir de certains objets, & faisant passer son trouble dans mes sens, je m'imaginai que j'étois prêt à tomber dans un désordre que j'avois eu tant de peine à éviter. Réveillé par une si forte impression, en maudissant la cause, je me traitois comme si j'avois été coupable, & voulant tromper la nature, je me levai bien avant l'aurore. Après dîner je fus dans une maison voisine où m'appelloient les devoirs de la société. En entrant dans la salle, mes regards se porterent sur deux dames qui intéresserent si fort mes yeux & mon cœur qu'elles me parurent tout en flammes, & étincelantes comme des personnes qu'on électrise. Ignorant la cause physique d'un effet si singulier, je l'attribuai à un prestige surnaturel, & je me retirai. La maîtresse de la maison, surprise d'un départ aussi précipité & aussi incivil, m'en demanda la raison. Je lui répondis franchement qu'elle avoit chez elle des objets trop séduisans, qui m'obligeoient à partir : mais que j'aurois l'honneur de la voir une autre fois. Ce qu'il y avoit de plus surprenant dans cette aventure, c'est que la maîtresse de la maison n'étoit pas moins belle que les deux autres dames, & cependant elle ne faisoit sur moi aucune impression.

Sorti de cette maison, éloigné des objets qui m'avoient si subitement attachés, devenu plus tranquille enfin, je sentois toujours une chaleur extraordinaire que je ne pouvois comprendre ni expliquer.

Le jour suivant je résolus de retourner à la

maison : monté en voiture, je me croyois toujours sur le point de tomber comme si elle se fut renversée. Je criai plusieurs fois au voiturier de s'arrêter, mes puériles frayeurs le faisoient rire, & je ne soupçonnois seulement pas de quoi il rioit. Tout étoit dérangé dans mon être. Mon erreur consistoit à attribuer aux objets extérieurs un dérangement qui n'étoit que dans mes organes. Arrivé à un petit village, & m'arrêtant à un cabaret, je demandai à manger. Mais le pain, le vin, tout ce qu'on avoit servi me paroissoit mis pêle-mêle. Persuadé alors que l'esprit d'illusion me poursuivoit par-tout, je me mis à crier contre l'hôte, que je soupçonnois d'y entrer pour quelque chose; je remontai, furieux, dans ma voiture & continuai ma route. Rapprochant ce que j'avois vu la veille de ce qui m'arrivoit, je me confirmai dans l'opinion que j'étois le jouet d'une puissance supérieure. Vinrent s'offrir alors à ma mémoire une foule de passages de l'écriture sainte. Comme c'étoit le livre que j'avois le mieux lu, je l'avois si présent à ma mémoire qu'il n'y a guere de circonstance de ma vie à qui je ne pusse en appliquer quelques-uns. Je me rappellai donc ce que dit St. Paul, que nous n'avons pas à combattre contre le sang & contre la chair, mais contre la malice & la méchanceté des puissances surnaturelles. Je ne reconnus plus pour auteur de mes maux que le démon auquel je me proposai de faire une cruelle guerre par les prieres, les jeûnes, les exorcismes. Je continuai mon voyage; mais comme un autre *Saül* ne respirant que vengeance contre l'esprit tentateur.

Arrivé dans la maison de mon pere, je me crus moins agité, soit que l'éloignement des objets tranquillisât mon imagination; soit que le plaisir d'embrasser les miens occupât doucement mon ame : mais tout-à-coup après le dîner je sentis mes membres s'étendre, se roidir, & tout mon corps trembler avec d'horribles convulsions comme une forte attaque d'épilepsie. Il me sembloit que la machine du monde étoit dissoute, que le ciel & la terre trembloient, & que les élémens mêlés & confondus avoient perdu leur forme & leur couleur. Mes parens étant accourus, me prirent dans leur bras, me mirent au lit & me réchaufferent, croyant que j'avois froid.

L'excès du mal fut accompagné d'une espece d'aliénation d'esprit & d'un fréquent délire. On me saigna; mais la saignée augmenta mes souffrances. On me fit prendre des bains; mais avec si peu de précaution, que sans la vigueur de mon tempérament, j'y eusse trouvé la mort. Ils me calmerent sans doute; mais peu après mon imagination fut remplie d'une foule d'images séduisantes. Toutes les beautés de l'Asie, les physionomies agréables de l'Europe, me passerent tour-à-tour sous les yeux. Il me sembla encore qu'un personnage de distinction, que je connoissois pour un fort galant homme, étoit devenu un libertin, & se moquoit avec mépris de mon attachement pour les devoirs imposés à mon état. D'autres fois je croyois être Joseph, & avoir à mes côtés la luxurieuse Putiphar. Rien ne peut égaler l'horrible supplice que me faisoit éprouver la cruelle alternative de résister aux graces qui allumoient le desir, ou de transgresser des sermens faits au pied des autels.

Ces tourmens n'étoient pas toujours de la même violence, ils changeoient aussi d'objet. Quelquefois l'activité qui me dévoroit devenoit aussi une fureur guerriere, j'assistois aux combats, aux sieges dont j'avois entendu parler & je me croyois un *Alexandre*, un *Achille*, un *Pirrhus*, un *Henri IV* & un *Charles XII*. Victorieux à Arbelles, faisant le siege de Tyr, mon imagination me représentoit les sept cens Tyriens crucifiés sur le rivage de la mer. A ce spectacle, saisi d'horreur, j'abhorrois le Héros sanguinaire de la Macédoine & ne voulois plus être un pareil monstre. Je m'attendrissois sur les victimes de sa cruauté, je leur rendois la vie, je les consolois, je leur donnois des noms, il me sembloit les voir, leur parler, entendre leurs remerciemens.

Quelque temps après je crus être Achille affiégeant Troye ; lorsque les flammes l'eurent consumée, je devins Charles XII à la tête des braves Suédois, la belle & séduisante Comtesse de Konigsmarg venoit, au nom d'Auguste, me supplier de poser les armes & de laisser respirer la Pologne. Ce n'étoit pas le terme de mes folies héroïques. Je crus voir un Roi à la tête d'une puissante armée, venir renouveller la trop fameuse St. Barthelemi.

Je ne quittois les fureurs guerrieres que pour un autre genre de folies. Je me crus Roi, & fis fleurir dans mes états toutes les sciences, la peinture, la sculpture, l'architecture, la Géométrie. Chaque rêve sembloit pour moi une réalité. Après avoir été affecté d'une foule de desirs il me vint dans l'esprit de me marier. Je crus voir des femmes de toutes les nations, de toutes les couleurs.

Mon imagination hésitant entre tant de beautés, il me sembla que je devois en épouser une de chaque nation, & selon les usages & les loix de leur pays. Je n'y trouvois nulle répugnance, si ce n'est de tomber dans une mollesse si contraire à mes premiers principes. Pour la prévenir je résolus de laisser mes femmes chacune dans leur province & de les voir seulement dans mes différens voyages. Une d'entre elles étoit sans cesse présente à mon souvenir. C'étoit une jeune & belle fille que j'avois apperçue quelques jours avant ma maladie. Je lui ouvrois mon cœur, je lui exprimois mes desirs avec tant d'ardeur ! Je n'avois jamais lu de roman, je n'avois jamais rendu de soins, je ne savois pas dire quatre paroles à une femme. Les cantiques de Salomon pouvoient seuls suppléer à mon inexpérience. Je doute que ce Roi, des Rois

le

le plus sage, ait jamais brûlé d'une ardeur plus vive que celle qui me consumoit. J'en parlois ouvertement. Mon pere & ma mere étoient dans ma confidence. J'avois oublié mon état, & je leur parlois avec candeur, des besoins de mes sens. J'étois surpris qu'ils pussent me contredire. Un prêtre des environs se mit un jour de leur parti; je lui parlai avec tant d'éloquence, qu'il se tut. Il avertit ma famille que j'étois possédé du même démon que St. Paul avoit chassé du corps d'une fille. Je ne pouvois gueres en vouloir à un diable qui éloignoit de moi de semblables oisifs, dont l'indiscrete curiosité retardoit ma guérison.

Il seroit trop long de raconter tout ce qu'éprouva de tourmens & d'illusions ce malheureux curé; il doit la cessation de ses maux à cette même nature qu'il avoit tant combattue. On peut deviner quelle espece de remede il mit en pratique. Il recouvra ses forces & pour être utile à ceux qui éprouveroient le même sort, il écrivit un traité pour démontrer que la continence répugne à la nature, à la morale que Jesus-Christ a enseignée, à la discipline établie par St. Paul, à l'esprit d'une sage législation, au bien de l'état, à la religion même, dont elle éloigne les cœurs. Ce traité n'a pas encore été imprimé. Au reste, personne ne pouvoit mieux écrire sur le célibat que celui qui en a été si cruellement victime.

Quand M. *Voltaire* eut lu le mémoire

de M. *Necker* sur les Administrations provinciales, il dit en secouant la tête : *J'ai vu du papier de* Necker, *qui valoit mieux que celui-là !*

Un Candidat en médecine de l'université de *Vienne*, âgé de 22 ans, s'étoit tellement passionné pour une Demoiselle qu'il avoit vue une seule fois, que l'inutilité de ses recherches pour la revoir encore, lui a tourné la tête. On l'a trouvé, le premier jour de l'année 1785, percé de plusieurs coups de couteaux & baigné dans son sang. Il a avoué le motif de la résolution qu'il avoit prise de s'ôter la vie. On l'a transporté à l'hôpital-général & l'on espere qu'il guérira à la fois de ses blessures & de sa folie. On remarque qu'en même temps, son professeur, vieillard de 81 ans, se prépare à contracter un second mariage & à s'unir avec une fille de 19 ans. Il faut, écrit-on, que la casse & le séné soient devenus cette année d'une nature bien inflammable.

CHOIX.

DES PIECES FUGITIVES

Les plus piquantes qui ont circulé dans les sociétés en 1783 & 1784.

Requête des Bien-aimées de Nosseigneurs les Prélats, adressée à M. le Baron de Breteuil au sujet de l'Ordre du Roi qui a renvoyé les Evêques dans leurs dioceses.

SUPPLIE humblement en *chorus*
Votre généreuse Excellence,
La Société de *Vénus*:
Au nom de la Toute puissance,
Du très-haut & très-*saint Amour*,
De rappeller, en ce séjour,
De nos chers amans la présence.
Ils nous livrent à l'abandon,
Pour obéir à votre lettre....
Envers nous, s'ils ont pu commettre
Une odieuse trahison,
Vous venez de le leur permettre.
Hélas! nous avons des enfans
Privés des secours de leurs peres.
Voyez-les, pâles & souffrans
Sur le sein de leurs tristes meres....
Précieux à l'humanité,
Ces êtres, trempés de nos larmes,
N'ont rien : -- On leur a tout ôté.

Nous succombons à nos alarmes :
Si, nous refusant sa bonté,
Votre Excellence est inflexible,
Nous allons mourir de douleur,
N'ayant pu dans notre malheur,
Rencontrer un mortel sensible...

Monseigneur, un Prélat galant,
A nos yeux est un homme aimable :
D'esprit, d'amour étincellant,
Il devient bientôt adorable. —
Ah le moyen d'y résister !
Quand sur un lit, semé de roses,
Un bel Evêque ose tenter,
Sur nos levres à demi-closes,
Un doux, tendre & brûlant baiser,
On lui dit alors mille choses,
Sans pouvoir rien lui refuser.
Très-foiblement la main s'oppose
A celui qui sait tout oser :
On ne doit jamais repousser
Le plaisir, que l'Amour propose.

Nous avons vu nos bons amans,
Attendris, humains, charitables,
Laisser, de leurs mains vénérables,
Mille fois, tomber des présens —
Sur la foule des indigens,
Pleurer avec ces misérables.

Dans le temple, aux pieds des Autels,
Sous la chasuble & sous la mître,
Ne nous paroissant plus mortels,
De Dieux ils méritoient le titre :

Les Prêtres, sous leurs Saints Habits,
Remplissant les sacrés mysteres,
Impriment, dans les sanctuaires,
Des traits dont le sœur est surpris.

Malgré foi, l'on sent qu'on les aime;
Ils prêchent toujours l'art d'aimer. --
Et l'amour de l'être suprême,
Bien senti, vient nous enflammer,
Pour ses charmans ministres même.

Introduites chez les Prélats,
La nuit, partageant leurs foiblesses,
Nous recevons, entre leurs bras,
Les plus agréables caresses. --

Paris s'en doute & ne sait pas
Qu'ils ont de charmantes maîtresses,
Dont ils chiffonnent les appas,
Pour mieux exciter leurs tendresses....

Leur amour n'est point scandaleux.
La discrétion, le silence,
La paix président à leurs feux. --
L'œil fin du public curieux,
Ne surprend point leur jouissance :
Avec un peu de vigilance,
On sait conserver l'apparence ;
Il est facile d'être heureux....

Les sots ne sont pas généreux ;
Et pour un Prélat amoureux --
S'ils le savoient, leur voix barbare
Pousseroit des cris furieux. --

Ah! qu'un tendre Evêque s'égare,
Faut-il pour cela le punir?....
Non : Monseigneur ! à la nature,
Sur l'autel du plus doux plaisir,
Tout mortel a le droit d'offrir
L'encens d'une volupté pure.
Nature, Hymen, voilà les loix.

Qui doivent gouverner le monde ;
Réglant, de la beauté féconde
Les plaisirs, les devoirs, les droits.
Ils disent aux humains sensibles :
» Vivez, aimez, multipliez,
» Si vous voulez fouler aux pieds
» Les passions les plus terribles. »
C'est la morale de l'Amour,
Le Ciel en approuve l'hommage :
Ici bas, fixant son séjour,
Dieu chercheroit un bon ménage ;
Il y trouveroit son image....
Sa main y verse, chaque jour,
Ses biens..... Le couple, heureux & sage,
Devient son plus parfait ouvrage. --

Ce n'est pas au fond d'un couvent,
Que le bonheur tient son empire :
Quiconque gémit & soupire,
N'est pas heureux, un seul moment.

Ici, l'humaine destinée
Est de se revoir dans ses fils....
Voir mûrir ces objets chéris,
Voilà l'attente fortunée
De tous les cœurs, vraiment amis.

O Monseigneur ! Daignez nous rendre
Nos amans, que vous exilez :
Dans leurs évêchés rappellés,
Ils nous ont laissé l'ame tendre,
Avec laquelle vous voulez
Qu'ils soulagent leur Bergerie :
Ils lui portent des sens troublés,
Comme nous-mêmes désolés,
Ils sont dégoûtés de leur vie.
D'ennui, de douleurs accablés,
Ils maudissent la Prélature :

Les soins touchans de la nature
Sauront dissiper leurs chagrins....

A nos vœux soyez exorable ;
Daignez adoucir nos destins :
A des veuves, des orphelins,
Daignez vous montrer charitable !

Il n'est de bonheur véritable
Pour un ministre tel que vous,
Que de faire le bien de tous.
Vous fûtes tendre époux, bon Pere....
Au nom du ciel soulagez-nous,
Du pouvoir grand dépositaire,
Il est glorieux & bien doux
De chercher le bien & le faire.

CHANSON.

Sur l'air : *Qu'est-ce que cela me fait à moi ?*

Que digne enfant de Mégere,
Un vil Zoïle en fureur,
Déchire l'heureux vainqueur
Et de Sophocle & d'Homere :
Hé ! qu'est-ce que ça me fait à moi ;
J'aime, je lis mon Voltaire :
Hé ! qu'est-ce que ça me fait à moi,
Quand je chante & quand je boi !

Que Lise passe en caprices
L'esprit le plus à l'envers ;
Qu'aux plus singuliers travers
Chloé joigne tous les vices :

Hé ! qu'eft-ce que ça me fait à moi ;
Rofette. fait mes délices :
Hé ! qu'eft-ce que ça me fait à moi,
Quand je chante & quand je boi !

Qu'un riche habit à la mode
Soit le paffeport d'un fat ;
Qu'un élégant Magiftrat
Des Loix ignore le Code :
Hé ! qu'eft-ce que ça me fait à moi ;
Moi, des plaideurs l'antipode :
Hé ! qu'eft-ce que ça me fait à moi,
Quand je chante & quand je boi !

Qu'une Confeillere aimable
Pour amie ait pris Laïs ;
Que d'un tel écart furpris
Son mari la donne au diable :
Hé ! qu'eft-ce que ça me fait à moi ;
Chacun aime fon femblable :
Hé ! qu'eft-ce que ça me fait à moi,
Quand je chante & quand je boi !

Qu'à trente ans, au fond de l'ame,
Mainte fille à qui l'Hymen
Ne dira jamais *Amen*,
Contre le fiecle déclame :
Hé ! qu'eft-ce que ça me fait à moi ;
Je vis fi joyeux fans femme :
Hé ! qu'eft-ce que ça me fait à moi,
Quand je chante & quand je boi !

Que fur la Scene divine,
Où fix efprits immortels
Auront toujours des autels,
Le goût des Drames domine :
Hé ! qu'eft-ce que ça me fait à moi ;
J'y vois Moliere & Racine.

Hé ! qu'est-ce que ça me fait à moi,
   Quand je chante & quand je boi !

   Que tout claque Gabrielle.
Quand son cuisinier lui sert,
Dans un sauffe à robert,
Le cœur d'un amant fidele :
Hé ! qu'est-ce que ça me fait à moi ;
   Je siffle une horreur si belle :
Hé ! qu'est-ce que ça me fait à moi,
   Quand je chante & quand je boi !

   Qu'un sot, chez qui l'or abonde,
Soit par-tout chéri, fêté ;
Qu'un Astronome vanté
En rêvant creux nous inonde :
Hé ! qu'est-ce que ça me fait à moi,
   Qu'un feu submerge le monde :
Hé ! qu'est-ce que ça me fait à moi,
   Quand je chante & quand je boi !

   Que l'entretien de Fanchette
Coûte au vieux Duc un mont d'or ;
Que la fine mouche encor
Plume un Midas en cachette :
Hé ! qu'est-ce que ça me fait à moi ;
   L'Amour m'a donné Rosette :
Hé ! qu'est-ce que ça me fait à moi,
   Quand je chante & quand je boi !

   Qu'un Éditeur que j'estime,
En recevant ma chanson,
Ou la brûle sans façon,
Ou dans son Journal l'imprime :
Hé ! qu'est-ce que ça me fait à moi ;
   Rosette la croit sublime :
Hé ! qu'est-ce que ça me fait à moi,
   Quand je chante & quand je boi !

Les On-dit.

Sur l'air : mon Pere étoit pot.

Voulez-vous savoir les *On-dit*
   Qui courent sur Thémire ?
On dit que, par fois, son esprit
   Paroît être en délire.
   Quoi ! de bonne foi ?
   Oui, mais croyez-moi,
   Elle sait si bien faire,
   Que sa déraison,
   Fussiez-vous Caton,
   Auroit l'art de vous plaire.

On dit que le trop de bon sens
   Jamais ne la tourmente :
On dit de même qu'un grain d'encens
   La ravit & l'enchante.
   Quoi ! de bonne foi ?
   Oui, mais croyez-moi,
   Elle sait si bien faire
   Que même les dieux,
   Descendroient des cieux
   Pour l'encenser sur terre.

Vous donne-t-elle un rendez-vous,
   De plaisir ou d'affaire ;
On dit qu'oublier l'heure en vous,
   Pour elle c'est misere
   Quoi ! de bonne foi ?
   Oui, mais croyez moi,
   Se revoir auprès d'elle,
   Adieu tous les tors ;
   Le temps même alors
   S'envole à tire-d'aile.

Sans l'égoïsme rien n'est bon;
C'est-là sa loi suprême :
Aussi, s'aime-t-elle, *dit-on*,
D'une tendresse extrême.
Quoi ! de bonne foi ?
Oui, mais croyez-moi,
Laissez-lui son système;
Peut-on le blâmer
Et savoir aimer
Ce que tout le monde aime.

ÉPIGRAMME.

Quelqu'un disoit qu'à l'opéra
Le public, nombreux ce jour-là,
Avoit dans l'ardeur qui l'entraîne
Claqué *Suffren* plus que la Reine,
De Bievre dit : je l'ai prévu ;
La plus charmante des Princesses,
Quoique Reine, n'a que deux fesses;
Au-lieu que *Suffren* a vaincu, (*vingt culs.*)

LE PALAIS ROYAL.

AIR : du Vaudeville du *Mariage de Figaro*.

Vivent les nuits étoilées
De ce jardin enchanteur
Où nos femmes son voilées
Aux dépens de la pudeur !
Dessous ces fraîches allées
La moins sage est à l'abri
De la honte & du mari.

La femme mûre & facile
Y vient tromper un moment;
Mais la jeune plus subtile
Trouve la main d'un amant :
Alors, par un charme utile
Aux doux accens des chanteurs,
La voix manque aux spectateurs.

Mais chut, on y voit sans cesse
Les illustres de la cour,
S'y délasser dans la presse,
Des bienséances du jour :
Aisément chaque Princesse,
Docile à son écuyer,
Saisit le ton du quartier.

Ce mélange d'impudence,
De tendresse & de gaîté,
Depuis quelque temps en *France*,
Fait notre amabilité :
La prude & froide décence
Combat, brouille tous les goûts;
La licence les joint tous.

VAUDEVILLE sur l'Air : *Changez-moi cette tête.*

Momus, prens ta férule !
L'hydre du Ridule
Demande un autre Hercule;
Elle n'a plus de frein.
Poursuis de rue en rue
La fatale cohue
Qui va choquant la vue.
En chantant ce refrein,
Changez moi cette tête,
Cette grotesque tête,

Changez moi cette tête,
Tête de Mannequin.

Courtifan très-folide,
Robin fouple & timide
Colonel intrépide,
Qui bravez les fifflets ;
Docte encyclopédifte,
Honnête journalifte,
Amufant nouvellifte,
Brochurier à pamphlets,
Changez toutes ces têtes
Ces intrigantes têtes,
Changez toutes ces têtes
Têtes à Camouflets.

M. de *la Land...*

Un petit aftronome
A figure de Gnome,
Veut devenir grand homme,
On ne fait pas par où.
Il rate la Comete,
Dérange fa planete ;
Et tout Paris répete
En lui faifant hou hou,
Changez-moi cette tête
Cette comique tête,
Tête de fapajou.

Mde. de *B......*

La libertine Orphife,
Coquette à tête grife,
Etend fur fa peau bife
Trois couches de Carmin ;
Mais fa Gorge tombée,
Et fa face plombée,

Et sa taille bombée,
Font peur même à Jasmin.
Changez-moi cette tête
Cette lascive tête,
Changez-moi cette tête,
Tête d'une Catin.

L'Abbé de *Lisl...*

Un poëte à front blême
Donne à certain poëme
Sa sécheresse extrême
Et son air minaudier ;
Maint badaud imbécile
Va disant par la ville,
Messieurs, place à Virgile !
Mais il entend crier,
Changez-moi cette tête,
La plagiaire tête,
Changez-moi cette tête,
Tête de Teinturier.

M. de *la Rey....*

Diogene Moderne,
Un fou que chacun berne
Croit tenir la lanterne
Et tranche du Caton :
Contre la raillerie
Sa cervelle aguerrie
Affiche la folie,
Et prêche la raison.
Changez-moi cette tête,
Cette grimaude tête,
Changez-moi cette tête,
Tête de hérisson. (*)

(*) *Allusion à sa coëffure.*

Le Parl.....

Un corps antique & grave
A des formes esclave,
Assemble son conclave
Pour réformer ses loix;
Mais à son avarice
L'habitude & l'épice
Fut toujours trop propice
Pour en céder les droits:
Qu'on me change ces têtes,
Ces formalistes têtes,
Qu'on me change ces têtes,
Toutes têtes de bois.

Les Docteurs *Mesmer* & *Deslon.*

Un Tudesque empirique,
Au bout d'un doigt magique,
Fait naître la Colique
Ou la chasse à l'instant;
Son Don Quichotte assure
Que la mort en murmure,
Et cite mainte cure
Dont il est seul garant.
Changez-moi ces deux têtes,
Ces magnétiques têtes,
Changez-moi ces deux têtes,
Têtes de Charlatans.

Le Musée.

Un prétendu Musée
A la tourbe abusée
Débite prose usée
En grands & petits vers;
La Bourgeoise Caillette

La pédante en lunette,
Rimailleur à soubrette,
Loue à tort à travers.
Qu'on me change ces têtes,
Ces métromanes têtes,
Qu'on me change ces têtes,
Têtes à bonnets verds.

Le Docteur *Franklin*.

Nestor de l'Amérique,
Prise la voix publique
Du monde politique
Et du monde savant ;
Mais dédaigne l'hommage
Dont ce peuple volage
Sans respect pour ton âge
T'ennuie à chaque instant ;
Conserve bien ta tête,
Ta vénérable tête,
Conserve bien ta tête
Mais sans la montrer tant.

L'Auteur.

Un Rimeur satyrique
Dans son humeur caustique,
Des sots qu'il mord & pique
Fait le portrait hardi :
De sa plume maligne
La pétulance insigne
Aux masques qu'il désigne
Se joint lui-même ici.
Changez-moi cette tête,
Cette fantasque tête,
Changez-moi cette tête,
Tête d'un étourdi.

A FIGARO.

Disciple enjoué de Thalie,
Toi, qui du bonnet de Momus
Coëffes la tête d'Urannie ;
Toi qui le Martyr de l'Envie
Au moment qu'on te crut exclus
Par une cabale ennemie,
Revint soudain d'Andalousie
Escorté de jeux & de ris,
Pour dérouter la calomnie,
Et faire rire tout Paris,
Salut, enfant de la folie.

Par un accueil bien mérité,
Le public a donc fait justice
Des sots qui t'ont persécuté :
En vain leur absurde malice,
Au Roi t'avoit représenté
Comme un fou digne du supplice,
De qui la coupable gaité
Alloit choquant l'autorité,
Compromettant mainte Excellence,
Se jouant de la gravité
De plus d'un corps plein d'importance
Et poussant même la licence,
Jusqu'à dire la vérité :
Comme Tartuffe maltraité
Tu trouves la même vengeance.

Qu'un triomphe aussi glorieux,
Echauffe, excite ton courage,
Tu fis un chef-d'œuvre, fais mieux,
Aristophane de notre âge ;
Pénetre jusques dans les cieux ;

Bannis en maint sot personnage
Que l'erreur met au rang des dieux.

A ton folâtre persifflage,
Immole ces grands si petits,
Chardons qu'un hasard fit éclore,
Où le laurier croissoit jadis;
Fléaux dont le luxe dévore
Le peuple objet de leur mépris,
Que leurs mœurs corrompent encore,
Et qui de titres souvent faux
Repaissant leur stupide yvresse,
Semblent penser que la noblesse,
De vertus ainsi que d'impôts,
Exempte leur vaine hautesse.

Peins d'une couleur vengeresse,
Les vils pontifes de Thémis,
Prévaricateurs aguerris,
Qui le front armé d'impudence,
A la toilette de Cypris,
Vont de l'arrêt de l'innocence
Fixer & recevoir le prix;
Ces publicains aux mains avides,
Dont les cœurs offrent le portrait
De la tonne des Danaïdes;
Les visirs tyrans par brevets,
Craints par l'abus de la puissance,
Qui sur le front de l'innocence,
Promenent sans nulle prudence
Et les chaînes des malfaiteurs
Et le glaive de la vengeance;
Mais laissant ces vices divers,
Fredonne encor sur ta guitare,
Nos petits talens, nos grands airs,
Et la kirielle bizarre
De nos jeux & de nos travers,
Qu'un jour & vieillit & répare.

SCANDALEUSE. 235

Chante nos femmes en faveur,
Donnant dans un boudoir magique,
Le Sceptre d'administrateur,
Et le Rameau diplomatique,
Et le Ruban de la valeur,
Et le Fauteuil académique,
Et l'Hermine du sénateur,
Et la Simare apostolique ;
Célebre nos jeunes héros,
De Suffren & de la Fayette,
Se croyant les dignes rivaux,
Pour avoir fait mainte conquête,
Prenant d'assaut lits de repos,
Mettant aux fers quelque caillette ;
Maint seigneur se croyant poëte
Pour avoir fait des madrigaux,
Et chansonné quelque coquette ;
Nos begueules dites Saphos,
Les conciles de la toilette,
Nos mœurs libres, nos vers moraux
Et la guerre de l'ariette,
Et la justice des journaux.

 Rappelle enfin sur notre scene
La joie au front toujours serein,
Dont le Drame à pleurer enclin
Usurpe si fort le domaine.
Au milieu des ris & des jeux,
Et toujours de bons mots prodigue,
Ramene l'art ingénieux
De suspendre au fil d'une intrigue
L'essain des spectateurs joyeux.

 Conserve sur-tout la franchise,
Et ton utile liberté :
Le Roi le veut & l'autorise,
Eh ! comment de la vérité
Louis pourroit-il se défendre ?
On le sait bien, Sa Majesté
Ne peut que gagner à l'entendre.

Epigramme.

Sur les Danaïdes & le Mariage de Figaro.

Que penses-tu, dis-le moi sans mystere,
Des nouveautés qu'aujourd'hui chez *Moliere*
Et chez *Quinaut*, on court avec fureur?
— L'une fait honte & l'autre fait horreur.

Chanson sur les Globes.

Air: *le premier jour de l'an.*

L'autre jour, quittant mon manoir,
Je fis rencontre sur le soir
D'un Globiste de haut parage;
Il s'en alloit tout bonnement,
Chercher un lit au firmament
Et moi je lui dis bon voyage.

Dans sa poche un bonnet de nuit,
Pour la lune, un mot de crédit,
C'étoit, hélas! tout son bagage.
Mais avec l'électricité,
Damon l'avoit très-bien lesté,
Il pouvoit dissoudre un orage.

Le vent devint son postillon,
Un nuage son pavillon!
Chacun le combloit de louanges:
D'après ce secret merveilleux
On ira dîner chez les Dieux,
Prendre son caffé chez les anges.

Ah ! bon Dieu, que je suis content,
Disoit un fils presque expirant,
A sa bonne mere attendrie !
Nous pouvons renvoyer la mort
Avec un globe, sans effort,
Dans le Ciel j'irai tout en vie.

Sœur Colette dans un couvent
A l'aspect du globe mouvant,
S'écrioit : ah ! chose effroyable !
Il va pleuvoir dans nos jardins
Des étourdis qui par essaims
Nous rempliront d'air inflammable.

Lise disoit à son époux,
Qui se plaignoit d'un rendez-vous,
Donné pour les barques volantes :
Ah ! Monsieur, pourquoi tant crier ?
Je veux aussi que du bélier,
Vous ayez les armes parlantes.

De tous les voyages divers,
Celui qui se fait dans les airs,
Est la plus plaisante aventure,
Souvent par de simples hasards,
De Saturne on passe dans Mars,
Et de Vénus quelquefois dans Mercure.

Epigramme.

Le grand *Newton* lui-même au ciel marqua sa place;
Montgolfier cherche encor la sienne en tatonnant :
L'Anglois d'un coup d'œil sûr, a mesuré l'espace,
Le François le parcourt sur les ailes du vent.

Sur les Ballons Aërostatiques.

Le pauvre public est charmant !
Souffrir ainsi, qu'on lui dérobe
Et ses bravo & son argent :
Plaisante merveille qu'un globe
Qui met d'abord les gens en l'air !
A l'opéra j'en vis hier
Deux bien blancs, bien ronds, qui me firent
L'effet que nos badauds admirent ;
Hé bien, je n'en suis pas plus fier.
Je ne crois pas que j'imagine
De faire imprimer quelque jour,
Combien de pouces a ma machine,
Son diametre & son contour.
Non, je fais jouir en silence ;
Long-temps, (je t'en fais confidence,)
J'ignorois l'art de maîtriser
Mon Gaz qui s'échappoit d'avance ;
Mais à force de m'exercer,
De répéter l'expérience,
Comme un autre j'ai su trouver,
Sans ne lester avec du sable,
Le secret de ne m'élever
Qu'à certain degré raisonnable ;
J'ai bien peur de n'en devenir,
Entre nous, un peu trop habile ;
Au point où je suis descendu,
Je regrette, le croiras-tu ?
Le temps où comme un imbécile,
Je montois à balon perdu.

La semaine Couleur-de-Rose.

Que le Parisien est un franc étourdi!
A fêtoyer le Drame il s'étoit enhardi;
Et par ce *Figaro*, follement applaudi?
Le voilà sous mes yeux encor ragaillardi?
Pour moi que la gaîté n'aura point affadi,
Je tiens de ma semaine un plan bien arondi :
Un joli *Requiem* pour dimanche à midi,
Item, chez Curtius les Grands voleurs lundi,
Item, chez Arlequin *Jenneval* pour mardi,
Item, chez Pocquelin *Beverley* mercredi,
Le combat du Taureau, près de *Pantin* jeudi,
Un spectacle infernal, où l'on fait vendredi, (*)
Ah! fi, pour la Clôture, on pendoit samedi!

L'heureuse découverte.

Conte.

Dans Tolede, un enfant d'Ignace
Pauvre d'Esprit, noble de race,
Disant Messes tant bien que mal
Passoit ses jours au Confessional.
Au temps de Pâque, un jeune Alcade
S'agénouille à son tribunal.
Il est beau comme Alcibiade,
Volage aussi. Dévot en outre & marié.
Tout en s'accusant d'adultere
Avec componction sincere

___

(*) A l'opéra, les *Danaïdes*.

Sans cesse il répétoit : « c'est ma faute, mon pere,
» Et plus encor celle de ma moitié. »
Comment dire avec bienséance
Ce qu'ajouta l'adolescent ?
L'oreille est chaste & le sexe s'offense
Du moindre mot. Car on est si décent !
Ne lui disons donc pas que l'époux de la Dame
Se plaignoit que l'étui fut trop grand pour la lame.
» Eh ! bien, mon fils, (répond avec douceur
De Loyola l'indulgent Successeur)
» Votre salut me tient au cœur.
» Vous le ferez, & j'en ai de la joie.
» Dieu même épurant nos desirs
» Permet que dans la bonne voie
» On ramene par les plaisirs
» Une Brebis qui se fourvoie.
» Tachez de résister à la tentation
» Une heure ou deux. Dites votre Rosaire,
» Et sur le soir, passez chez notre Apoticaire.
» Allez & recevez ma bénédiction. »
Il dit & dans l'émotion
De son premier enthousiasme
Il court chez le Frater ; le tire par le bras ;
S'enquiert subtilement si l'art ne pourroit pas,
Par quelque benin cataplasme
D'une belle au besoin, rajuster les appas.
Combien cette cure nouvelle
Qu'on pourroit répéter souvent
Feroit d'honneur à son couvent !
» A d'autres ! De Par-Dieu, vous nous la baillez
belle,
Reprit le vieux Droguiste en jurant contre lui,
» Etes-vous donc fait d'aujourd'hui ?
» Si nous avions telle recette,
» La Fortune de l'ordre eut été bientôt faite. »

ENIGME

ENIGME *sur le monstre du* CHILLY.

Bon public qui d'un œil surpris
Contemples ce monstre en peinture,
Regarde-toi : d'après la nature
C'est ton portrait fait à Paris.

Ces cheveux à la conseillere
Te représentent *Bride-oison* (*)
Qui met comme un autre Samson
Tout son espoir dans sa criniere.

Sous l'heureux signe du Taureau,
Ne vois-tu pas le mariage,
Que son ami le cocuage
Fait directeur dans un bureau.

Cette longue oreille t'explique
Ce qu'on pense de tes Midas,
Jugeant ce qu'ils n'entendent pas
Et sachant tout hors la musique.

Sous cette barbe le clergé
Recele encor le fanatisme ;
Mais à côté du Magnétisme
Le bienheureux *Labre* est rangé.

Cette machoire si pesante
Aux dents longues, aux deux crochets,
Grands & petits faiseurs d'extraits,
A vous-même vous représente.

―――――――――

(*) *Juge dans le* Mariage de Figaro.

Tome II. L

Je vois entre ces deux tetons
La plus fine des épigrammes ;
Elle en veut aux filles-garçons,
Sur-tout aux hommes qui sont femmes.

Ce nombril est mystérieux,
Avec l'index il sympathise,
Et c'est par-là qu'on *Mesmerise*
Nos belles qui s'en portent mieux.

Quelle est donc cette patte d'oie
Dont les ergots sont si crochus ?
C'est la griffe de nos Crésus,
Qui s'ouvre à l'aspect de sa proie.

Ce large ventre de poisson,
Cette nageoire, ces écailles,
Ce sont nos marins de *Versailles*
Aussi corsaires qu'à *Boston*.

La double queue est le symbole
Du politique, adroit serpent,
Qui marche & s'éleve en rampant
Ou vous pique selon son rôle.

Enfin, car il faut abréger,
Au derriere ces courtes ailes,
Navigateurs en l'air, sont celles
Qui vous servent à diriger.

Je dois un mot aux grandes vues
Du pere du monstre glouton,
Qui te propose sans façon
De multiplier tes sangsues. (*)

―――――――――――――――

(*) *On espere, dit-il, attraper la femelle du monstre, pour perpetuer sa race.*

VAUDEVILLE sur l'air de *Blondel*, dans
Richard Cœur de Lion.

Que maintenant dans *Paris*
Nos Héros, nos Beaux esprits
Forment mille compagnies,
Sallons, Clubs, Académies,
Et que je ne sois de rien,
 C'est bien, très-bien,
Cela ne m'étonne en rien ;
Je ne pense comme personne
 Et je chansonne.

Qu'au seul nom de *Figaro*
J'entende crier *Bravo*,
Et que tout son coq à l'âne,
Son procès & sa *Suzanne*
Causent un bruit général,
 C'est mal, très-mal,
Mais tout cela m'est égal,
Je pense comme mon Grand'pere,
 J'aime *Moliere*.

Que par esprit de parti
On claque *S. Huberti*,
Qui n'a pour toute maniere
Qu'une tête minaudiere
Avec un fausset discord,
 C'est fort, très fort,
Mais je hais sa voix glapissante,
 J'aime qu'on chante.

Que le Charlatan *Mesmer*,
Avec un autre *Frater*,
Guérisse quelques femelles

En agitant leurs cervelles
Et les touchant Dieu fait où
C'est fou, très-fou,
Et je n'y crois point du tout,
Mais je pense qu'il magnétise
Par la sottise.

Que la galante *Comtat*,
Mette en fort mauvais état,
La jeunesse & la finance
D'un étranger d'importance
Qui ne vouloit que l'avoir,
C'est noir, très-noir,
Mais c'est simple à concevoir,
Elle pense comme sa mere,
Elle est trop chere.

Qu'à dire ainsi son avis,
On aye mille ennemis;
Et qu'avec un peu d'adresse,
D'impudence ou de bassesse,
On puisse avoir quelqu'éclat,
C'est plat, très-plat,
Et je n'en fais nul état,
Mais je pense qu'il faut tout dire,
J'aime mieux rire.

LE PETIT MÉNAGE.

Que j'aime ton simple réduit,
Sa propreté, son élégance!
Ni l'or ni l'azur n'y reluit;
Il est orné de ta présence :
Caché sous l'aile du silence
Le plaisir y vient chaque nuit;
Tout l'y peint; le jour l'y réveille :
Au-lieu d'offrir quelque merveille

D'un luxe qui lui siéeroit mal,
On voit ton bouquet de la veille
Qui rafraîchit dans le cryſtal.
Au ſouffle du vent qui friſſonne,
Qui paſſe entre tes rideaux blancs,
Suſpendu près de ta couronne,
Ton corſet de nuit abandonne
Et laiſſe flotter ſes rubans.
Ta guirlande avec négligence
Tombe du coin de ton miroir,
Et tout le jour par l'eſpérance
L'œil de l'amour joüit d'avance
En voyant les bandeaux du ſoir.
Ici me ravit & m'embraſe
Le moule de ton pied léger ;
Là ſous des courtines de gaze
Les plaiſirs ſemblent voltiger.
De leurs traits, lorſque tu repoſes,
Tous les amours veillent armés,
Toujours prêts à fouler les roſes
Dont tes draps blancs ſont parfumés.
Le luxe a-t-il rien qui vaille
Ces ſix chaiſes où l'ouvrier
Entrelaça l'or de la paille
Sur quatre appuis de ceriſier ;
Cette table où ta main légere
Sur un lin pur ſema des fleurs ;
Où tout l'éclat de leurs couleurs
Se réfléchit dans la fougere ?
A la recherche des ragoûts
Dont s'éguillone un goût malade,
Que je préfere la ſalade
Qu'au retour de la promenade
J'aime à manger ſur tes genoux !
Le Jus de *Pomarre* & de *Beaume*,
Le Nectar des Dieux & des Rois,
Vaut-il la ſeve de *Pomone*
Qui coule ſous tes jolis doigts ?
De Saubac ou de Fleur d'Orange,

Quand nous nous portons un défi,
Si notre cerveau se dérange,
Le plaisir en fait son profit.
Il nous excite, il nous entraîne;
Nous quittons la table tous deux,
Et du coin d'un œil plein de feux,
Ton regard me montre l'arene
Où nous attendent d'autres yeux.
Ta gaîté folle, intarissable
Succede à ces tendres ébats,
Et je te vois rire aux éclats
Du discours le plus raisonnable.
Toujours au lit, toujours à table,
C'est ton esprit qui reste à jeun.
Que tu me parois adorable
Quand tu n'as pas le sens commun!
Rien ne t'attache & ne t'arrête....
Que j'aime à te voir sur ce ton
Que le désordre de ta tête
Sied à celui de ta maison!
Va, laisse aux autres l'étalage
Et le vain luxe de l'esprit;
On peut s'en passer à ton âge;
On en a lorsque l'on sourit.
J'aime mieux ton petit ménage
Où le jour du bonheur m'a lui,
Qu'un asile où le Mariage
Légitime & fixe l'ennui.

LE PETIT SOUPER.

Dis-moi donc, aimable Henriette,
Lorsqu'au Théâtre, hier au soir,
Laissant pour t'entendre & te voir.
Crier *Bravo* sur une ariette;
A l'impression du moment
Ayant cédé sans résistance,

Sans préambule, sans nuance,
Je te déclarai brusquement
Mon caprice & ma préférence ;
Que me disoit ton œil charmant,
Et tout l'esprit de ton silence,
Et ce souris si finement
Mêlé d'un rayon d'indulgence
Et d'un léger étonnement ?

Par une regle assez commune,
Puis-je les expliquer tous deux ?
La surprise étoit pour mes feux,
Et le souris pour ma fortune.
Il est vrai, j'ai passé le temps
D'une amoureuse impatience ;
Mais il est tel pas dans ta danse
Qui me remettroit à vingt ans.
Et crois-tu, jeune enchanteresse,
Que dans ton bel œil de saphir
Je puisse encor voir sans ivresse,
Et sans que le trait du desir
A l'instant m'atteigne & me presse,
Briller le signal du plaisir ?
Dans mon asile vient répandre
Son éclat, son charme divin.
A souper je t'y vais attendre.
Couvert bien net, du plus beau lin ;
Une pyramide de roses,
A chaque Grace un plat bien fin....
A toi seule tu les composes.
Sous tes doigts de lis jaillira
De l'Epernai l'ambre liquide ;
L'encens d'Amathonte & de Gnide
Sur un autel y brûlera.
Dans l'éclat transparent du verre,
Sous mille formes s'y jouera
Une flamme vive & légere.
Viens faire asseoir à ton côté
Les deux enfans de la folie,

L'enjouement & la volupté :
Du feu léger de la saillie
L'un à souper peut pétiller ;
Plus sensible & non moins aimable,
L'autre s'y pourroit ennuyer.
Ah ! voudrois-tu la renvoyer
Quand nous aurons quitté la table !

LES AMANS CASUISTES.

Conte.

Un échappé du séminaire,
Bien patelin, bien sensuel,
Pressoit la timide Glycere
De conduire son ame au ciel
Par un chemin qui n'y va gueres.
Fi donc, Monsieur, c'est un péché mortel,
Et si je puis, je ne veux point en faire ;
Laissez-moi donc, ou j'appelle ma mere.
— Mon bel enfant, quittez ce front sévere,
Répond le jeune chérubin,
C'est un péché que la colere.
Puis promenant sa chatouilleuse main
Sur les lys mobiles d'un sein
Que couvre une gaze légere :
M'enviez-vous, dit-il, d'un air benin,
Une innocente fantaisie
Qui n'ôte rien à vos appas ?
C'est un gros péché que l'envie,
Et Dieu ne le pardonne pas.
Le jeune apôtre eut peu de chose à dire
Pour combattre un péché d'orgueil ;
Son exorde fut un sourire
Accompagné du plus tendre coup d'œil ;
Tout le sermon fut : *Je vous aime;*

Trois petits mots qu'il sut paraphraser
   Mieux que n'eût fait S. Augustin lui-même,
Et la peroraison fut un ardent baiser
   Que voulez-vous que fasse une novice
      Contre un séducteur à collet ?
      Il obtint tout ce qu'il vouloit
      En prêchant contre l'avarice.
     Pour un sermon il en fit trois ;
Mais las, à quel revers la nature est soumise !
     Voilà l'éloquence aux abois.
   La Néophite avec raison surprise
Qu'il eût perdu sitôt l'usage de la voix,
Et qui goûtoit au fond, d'une ame bien éprise,
Sa morale onctueuse, insinuante, exquise,
   Dans la ferveur & le tendre abandon
   D'une ame à Dieu nouvellement soumise,
     Demandoit un nouveau sermon :
   Il en fit un contre la gourmandise,
La peignit comme un souffle émané du Démon.
Glycere d'un regard ou se peignoit l'yvresse,
Jetté nonchalamment sur le froid directeur,
Lui dit : Je vous entends, mais croyez-vous,
     Monsieur,
   Qu'on se sauve avec la paresse ?

Mes Spécifiques.

Air : *Où allez-vous Monsieur l'Abbé ?*

   Si l'on en croit certain Docteur,
   Spécifique est un mot trompeur ?
    Mais, moi, ne lui déplaise,
      Eh ! bien,
     Je me ris de sa these ;
      Vous m'entendez bien.

En vain ce Docteur mécréant
Proscrit l'opium & l'aimant;
En morale & physique,
Eh! bien,
Il est maint *Spécifique*;
Entendez-moi bien.

Si j'éprouve un accès d'ennui,
Je prends vîte un julep d'Aï;
Et soudain l'allégresse.
Eh! bien,
Exile ma tristesse,
Vous m'entendez bien.

D'Amour ai-je un transport fiévreux?
Mon fébrifuge est merveilleux;
Les charmes de ma Belle,
Eh! bien,
Calment cette étincelle;
Vous m'entendez bien.

Des vers quelquefois le Démon
Vient-il me souffler son poison?
Le spectre d'un Nonnote,
Eh! bien,
M'en verse l'antidote,
Vous m'entendez bien.

Si des pavots assoupissans
Mouillent en vain mes yeux pesans,
Vîte, j'ouvre tel Livre.....
Eh! bien,
De sommeil il m'enivre,
Vous m'entendez bien.

De la satyre le serpent
M'atteint-il de son dard perçant?
Je ris de sa piquure;
Eh! bien,

Radicale est la cure,
    Vous m'entendez bien.

N'ai-je pu me soustraire aux yeux
D'un hydrophobe furieux ?
    Le venin qu'il distile,
        Eh ! bien,
    Fuit en vapeur subtile,
        Vous m'entendez bien.

De tel barbouilleur de papier,
Qui mandie un brin de laurier,
    Je ris de la sottise ;
        Eh ! bien,
    Et cela l'émetise,
        Vous m'entendez bien.

De la marotte de Momus
Je frotte l'orgueil d'un Crassus.
    La friction caustique,
        Eh ! bien,
    Guérit ce mal chronique,
        Vous m'entendez bien.

Sous le masque de l'Amitié,
Si l'on m'a séduit à moitié,
    Mon cœur rompt la symphise,
        Eh ! bien,
    Des nœuds que je méprise
        Vous m'entendez bien.

Enfin, deux beaux yeux sont l'aimant
Qui m'attire invinciblement ;
    Ce puissant magnétisme,
        Eh ! bien,
    Vaut bien le *Mesmerisme* (*)
        Vous m'entendez bien.

(*) Mot composé par allusion au *magnétisme animal* de M. Mesmer.

Pour vous, qui ne m'entendez pas,
Confultez de jolis appas;
Venez auprès d'Adelle,
Eh! bien,
Mais craignez l'étincelle.....
Vous m'entendez bien.

Si tel dans mes vers croit fe voir,
Son âme eft fon premier miroir;
Chantons fans médifance,
Eh! bien,
Honni qui mal y penfe,
Vous m'entendez bien.

L'ORIGINE DES TRUFFES NOIRES,

à M. D. en lui adreffant une boëte.

Venus pleuroit la mort de fon cher Adonis,
Et pour la confoler l'amour étoit près d'elle :
Dans ce jour trop affreux, ah, dit-elle, mon fils,
Pour finir mes tourmens que ne fuis-je mortelle!
Aux amans malheureux que le trépas eft doux!
Quel propos, dit l'amour, Maman, y penfez-vous?
On paffe un tel fouhait à la petite Aurore
    Qui n'ayant que fon vieux Titon,
    A force de lui dire : *encore!*
    Le précipita chez Pluton;
    Mais vous, des graces la déeffe,
    L'objet des vœux des immortels,
    Vous qui voyez fur vos autels
Fumer l'encens qu'allume la jeuneffe,
Pouvez-vous defirer le deftin des mortels?
Ah! Ceffez de haïr votre divine effence :
    Le défefpoir n'a qu'un moment;
On fe calme, & bientôt une femme qui penfe
Songe à l'amant qui doit fuccéder à l'amant.

Eh, qui pourra jamais, dit Venus toute en larmes,
  Remplacer celui que je perds?
Il le sera dans peu, banniffez vos alarmes,
Lui repliqua fon fils. Pour vaincre l'univers
Les yeux de la beauté valent mieux que mes armes;
  Oubliez ce jour malheureux
Que Phœbus va plonger dans le fein d'Amphitrite,
  Venez former de nouveaux nœuds
  Dignes de la belle Aphrodite,
  L'amour faura les rendre heureux.
Je prétens même augmenter les délices
  Qui doivent fuivre vos defirs,
Et je veux, prolongeant les amoureux plaifirs,
Corriger la nature & vaincre fes caprices.
  Un fruit nouveau, d'un goût divin,
  Du parfum le plus agréable,
Ignoré jufqu'ici, va croître en mon jardin.
  Bientôt placé fur votre table,
De vos mêts fucculens ce fera le plus fin;
Au corps exténué, réduit à l'impuiffance,
Son alkali rendra la premiere vigueur,
Et même fur l'hymen étendant fa puiffance
Sa vertu, des époux réveillera l'ardeur.
  Mais pour obtenir ce prodige
  Que mon cœur prépare à vos feux,
  L'implacable deftin exige
  Un facrifice rigoureux.
Je tremble en répétant fa fentence cruelle :
  Il faut, dit-il, fur le bel Adonis
  Renouveller l'aventure d'Atys,
  Et que femblable aux Prêtres de Cybele,
On livre à Cupidon ce que ces furieux,
Dégradant leur efpece, ofent offrir aux Dieux.
  Telle eft du fort la loi févere.
A ces mots la fureur s'empara de Cypris;
Dans fes regards en feu, fes tranfports & fes cris,
Des filles de la nuit on vit le caractere.
De reproches fanglans elle accabla fon fils.
L'amour leva les yeux : il méconnut fa mere

Ce n'étoit plus la Reine de Cythere.
Qu'entourent les jeux & les ris;
C'étoit le masque de mégere.
Sexe enchanteur, vos traits si séduisans, si doux,
Ne sont pas faits pour la colere.
Évitez les transports furieux ou jaloux,
Les graces ne sont plus où l'on voit le courroux.
Vos armes sont le don de plaire,
Servez-vous du pouvoir qu'il vous donne sur nous.
Tout effort violent est de courte durée ;
De la sensible Cythérée
Le vif emportement bientôt se modéra;
L'amour s'en apperçut, avec elle il pleura;
Venus en sanglotant cessa de se défendre :
Résiste-t-on aux pleurs que l'amour fait répandre?
Ce qu'il demandoit il l'obtint.
Mais quand la nouvelle en parvint
Aux oreilles de Proserpine,
Grande fut la rumeur dans l'empire des morts.
La jalouse déesse, en son humeur chagrine,
Vouloit quitter les sombres bords.
Junon prend son parti, la querelle s'alume,
Jupiter, selon sa coutume,
Écouta tout avec bonté,
Et de ce qui fut raconté
Mercure (*) en groffoyant fit un ample volume.
Tandis qu'on occupoit Thémis
A débrouiller ce cahos insipide,
L'amour fuyoit d'un vol rapide,
Fier des dépouilles d'Adonis.
Bientôt il atteignit les champs de la Doride.
Là de ses propres mains, dans un terrain aride,
Que d'un de ses traits il bêcha,
Avec soin il les met près du temple de *Gnide*.
Le mystere servoit de guide

(*) On sait que *Mercure* est le Dieu de l'éloquence & des voleurs.

Et de son voile le cacha.
Phœbus par sa chaleur féconde
Les fit germer en éclairant le monde ;
Le plaisir vint les arroser ;
Dans ses profonds laboratoires
La nature entreprit de les fertiliser ;
Elles devinrent *Truffes noires*.
Jaloux de ce succès l'amour les recueillit ;
A souper chez Venus lui-même il les servit.
Mars avoit accordé le repos à la terre
Et venoit à *Paphos* en goûter la douceur ;
Il les lui présenta, souriant à sa mere ;
Venus à ce signal du petit enchanteur,
Refusa d'y toucher, soupçonnant le myftere,
Mais le Dieu des Héros les trouvant de son goût,
Sans façon en mangea comme on mange à la guerre.
C'est-à-dire qu'il mangea tout.
Ce qu'il en advint, le dirai-je ?
Non : je dois taire & respecter
Les miracles des Dieux. Je serois sacrilege
Si j'entreprenois de conter
Sur mes pipeaux, des faits qu'il faut chanter.
Apollon & *Voltaire* ont seuls ce privilege.
Pour vanter le joyeux pouvoir
De la production nouvelle,
Je crois qu'il suffit de savoir
Que la blonde Venus ne fut jamais si belle
Que le lendemain de ce soir.
Mars n'avoit plus cet air farouche
Qui force les guerriers à braver les hasards ;
Les ris voltigeoient sur sa bouche,
La douce volupté tempéroit ses regards.
Ainsi le vrai plaisir embellit ce qu'il touche.
L'amour, glorieux, satisfait
Du succès de cette aventure,
Laisse le soin à la nature
De nous dispenser ce bienfait,
Et la nature pour lui plaire
Cultive encor la *truffe* à l'ombre du myftere

Et lui conserve sa vertu :
Cette plante aux savans prouve son origine,
En vain on la dissèque, en vain on l'examine ;
Son germe est toujours inconnu.
En attendant qu'on le devine,
Jouissons, cher ami ; le reste est temps perdu.

Les Infortunes d'Abailard.

Sur l'Air de *Marlborough*.

Écoutez sexe aimable,
Le récit, le récit lamentable
D'un fait très-véritable
Qu'on lit dans S. Bernard.

Le Docteur Abailard
Maître dans plus d'un art,
Précepteur de fillette
Soupiroit, soupiroit en cachette,
Pour la niece discrette,
Du chanoine Fulbert.

Sous le même couvert
Logeoit le Galant-verd.
Son latin avec zele
Il montroit, il montroit à la belle,
Et l'on dit qu'auprès d'elle
Il ne le perdoit pas.

Mais un beau jour, hélas !
Donnant leçon tout bas,
Fulbert avec main-forte
Vient frapper, vient frapper à la porte,
Entouré d'une escorte
De deux hommes à pié.

Abailard effrayé
Et mourant à moitié,
Quand on vint les surprendre,
Lui faisoit, lui faisoit.... bien comprendre
Un passage assez tendre
Du savant art d'aimer.

Il voulut s'exprimer,
Mais sans plus s'informer,
L'Abbé saisit le drôle,
Lui coupa, lui coupa... la parole
Et le maître d'école
Par force resta *court*.

Dans ce funeste jour
On vit pleurer l'Amour,
Sans jetter feu ni flamme ;
Réfroidi, réfroidi pour sa dame,
Abailard, en bonne ame,
A S. Denis s'en fut.

De satan à l'affut
Il trompa mieux le but
Que défunt S. Antoine,
Car la main, car la main du chanoine
De l'ennemi du moine
L'avoit mis à couvert.

Voyant tout découvert,
Loin de l'oncle Fulbert,
La dévote Héloïse
Qu'on avoit, qu'on avoit... compromise,
S'en fut droit à l'église
Du couvent d'Argenteuil.

Mais après quelques jours
Beaucoup plus longs que courts,
Quittant ce domicile,
Abailard, Abailard plus tranquille,

Lui fit don d'un afile
Non loin de fon couvent.

 Trop près de fon amant
En proie à fon tourment,
 La plaintive fillette,
Bien fouvent, bien fouvent indifcrette,
 Pour lui conter fleurette
 Oublia fon ferment.

 Héloïfe en pleurant
 Le mit au monument;
 Elle eût mieux fait d'en rire,
Car avant, car avant qu'il expire,
 Elle eût pu déjà dire;
 Ici gît mon amant.

LA PEUR DE LA MORT.

Conte.

Auprès d'un Bois écarté, folitaire,
Un bucheron pauvre comme il en eft,
Avoit conftruit une frêle chaumiere
Où tous les foirs le bonhomme traînoit
Son lourd fagot, la faim & la mifere.
(Cela foit dit fans affliger ton cœur,
Car mon deffein n'eft tel, ami lecteur)
Le foreftier veuf & content de l'être,
N'avoit qu'un fils l'efpoir de fes vieux ans.
C'étoit Janot : dans le réduit champêtre,
Sous le taillis où le ciel l'a fait naître
Il a déjà compté quinze printems,
Et voit, dit-on, le feizieme paroître
Plus beau pour lui que tous les précédens.
Trop foible encor pour porter la coignée
Mais de bonne heure au travail façonnée,

Tantôt sa main donne au flexible osier
En se jouant la forme d'un panier :
Tantôt il seme autour de son asile
Non pas des fleurs, mais un légume utile
Que l'appétit assaisonne au besoin.
Dans ses travaux il avoit pour témoin
Et pour compagne Annette sa cousine.
Rose naissante, elle étoit orpheline
Dès son enfance, & n'ayant d'autre appui
Que son pauvre oncle, elle vivoit chez lui.
Tout beau, conteur (va dire un petit-maître)
De sa beauté vous ne nous dites mot :
Faites la belle, ou vous n'êtes qu'un sot.
Belle ! Eh qu'importe ; a-t-on besoin de l'être
A quatorze ans ? mais Annette l'étoit
Sans le savoir : ah je n'ose le dire :
Une fontaine avoit pu l'en instruire.
Sur ce point-là si Janot se taisoit,
Dans ses regards elle avoit pu le lire.
Concluons donc qu'Annette s'en doutoit,
C'étoit beaucoup : élevée sans culture,
Germe tombé des mains de la nature
Ce couple heureux ne savoit presque rien :
A ses penchants se livroit sans mesure,
Et conservant une ame libre & pure
Faisoit sans choix & le mal & le bien.

 Un jour de ceux que le Printems ramene,
Qui sembloit naître exprès pour les plaisirs,
Nos deux enfans que le destin entraîne,
S'étant assis à l'ombre d'un vieux chêne,
Y respiroient sous l'aile du Zéphir.
Mais tout-à-coup sa douce & fraîche haleine
Devint pour eux le souffle du desir.
-- Ma chere Annette, hélas, dans le bocage
J'étois venu pour goûter la fraîcheur
(Disoit Janot) mais toute sa chaleur
Nous a suivis sous le naissant feuillage.
Moi, dit Annette, à ces gazons nouveaux

Je demandois un moment de repos,
Mais le sommeil a trompé mon attente,
Le sommeil fuit ma paupiere brûlante.
C'est pourtant là qu'hier je m'endormis :
Mais j'étois seule & ta main caressante
N'y pressoit pas ainsi ma main tremblante ;
A mes genoux tu ne t'étois pas mis.
Séparons-nous pour trouver l'un & l'autre
Le calme heureux que nous venons chercher :
Pauvres enfants ! quel espoir est le vôtre ?
Fuyez ! un Dieu saura vous rapprocher.
Pour un moment aux vœux de sa cousine
Janot sourit, mais la belle orphéline
Fuit lentement : l'amour vient l'arrêter.
Du jouvenceau l'embarras n'est pas moindre ;
S'il fait lui-même un pas pour la quitter,
Il en fait deux bientôt pour la rejoindre.
Bref, le frippon est encore à ses pieds.
Là moins soumis, mais plus ardent, plus tendre,
-- Nous séparer ! cesse de le prétendre,
Dit-il les yeux de quelques pleurs mouillés ;
N'ordonne pas que je m'éloigne encore :
Dans ce moment plein d'un trouble inconnu,
A tes genoux je me sens retenu
Par le besoin d'un plaisir que j'ignore.
Demeure, Annette, ou bien je vais mourir.
Mourir ! quel mot, cria la jeune amante,
Quel mot affreux à côté du plaisir,
Et quelle image hélas il me présente !
Quand on est mort sais tu bien comme il en est ?
Dans cet état j'ai vu ma pauvre mere :
J'étois bien jeune alors, mais le portrait
De mon esprit ne s'effacera gueres :
Sans mouvement & ne respirant plus
On a les pieds & les bras étendus,
D'un voile épais la paupiere couverte,
Les yeux éteints & la bouche entr'ouverte.

A ce portrait bien fait pour l'alarmer,

Le jeune amant s'étonne, s'inquiete;
S'il est ainsi, dit-il, ma chere Annette,
Ne mourons pas, vivons pour nous aimer.
Déjà leurs cœurs qu'avoit glacé la crainte
Sont ranimés par les brûlans desirs.
Triste raison, mere de la contrainte,
N'approche pas de cette aimable enceinte,
Et toi nature appelle les plaisirs :
Mais je les vois & la fête commence.

Des deux côtés d'abord mêmes soupirs,
Mêmes sermens d'éternelle constance;
Aux doux propos succede le silence,
Mille baisers échauffés par l'amour
Sont pris, rendus & repris tour à-tour.
Vers le bonheur ainsi Janot s'avance.
Les vents légers complices de ses feux
Ont dévoilé tous les charmes d'Annette :
L'un en jouant fait flotter ses cheveux,
L'autre s'envole avec sa collerette;
Le plus hardi chatouille ses pieds nuds,
Un peu plus haut adroitement se glisse,
Baise en passant l'albâtre de sa cuisse,
Et monte enfin au temple de Venus.
Janot le suit, mais le Dieu de Cythere
Vient l'arracher à ce guide incertain;
En lui mettant l'encensoir à la main,
Les yeux fermés le mene au sanctuaire.
Arrête, arrête : ô peintre téméraire !
La volupté t'en impose la loi,
De ses attraits respecte le mystere.
Fils de Cypris, dissipe ton effroi :
Vas, je sais être aveugle comme toi;
Et tes faveurs m'ont appris à me taire.
Charme puissant des plaisirs défendus,
De nos crayons vous n'avez rien à craindre :
Quand on vous goûte, hélas, peut-on vous peindre?
Peut-on vous peindre en ne vous goûtant plus?
Dans les transports de la premiere yvresse,

Janot sans force & non pas sans desir,
Suivant de près la trace du plaisir,
Le cherche encore au sein de sa maîtresse.
Annette, hélas, sur les gazons fleuris,
Ne répond plus à des caresses vaines ;
Le doux poison répandu dans ses veines
Tient à la fois tous ses sens engourdis.
L'amant novice à l'instant se rappelle
Les traits affreux dont elle a peint la mort ;
Souleve, presse avec un tendre effort
Contre son cœur un des bras de la belle,
Croit lui donner une chaleur nouvelle :
Le bras échappe & tombe sans ressort.
Annette, Annette ! en vain sa voix l'appelle :
Janot trop sûr de son malheureux sort,
Reste un moment immobile comme elle :
Tout en impose à sa crédulité.
Ses yeux fixés sur ceux de sa cousine
N'y trouvent plus cette flamme divine
Qui tout-à-l'heure animoit sa beauté :
Annette est morte, hélas, je l'ai perdue,
S'écrie alors l'amant épouvanté.
Triste tableau qu'elle offroit à ma vue,
Deviez-vous être une réalité !
Annette est morte, & c'est moi qui la tue.
Qui que tu sois dont l'immense pouvoir
Rend à nos champs leur premiere verdure,
Annette est morte, & tu l'as dû prévoir.
Fais-la revivre ainsi que la nature !
En exprimant ces frivoles regrets,
Ces vains desirs, de larmes il arrose
Le front d'Annette & ses mornes attraits,
Baise en tremblant sa bouche demi-close.
Anne s'éveille : hélas ! ce tendre mot
Est le premier que ses levres prononcent,
Et le second que les soupirs annoncent,
Plus tendre encore, est celui de Janot.
Elle revit ! Annette m'est rendue !
Tristes regrets, vous êtes effacés ;

Elle revit, tous mes maux sont passés.
Plaisirs, rentrez dans mon ame éperdue.
A ce discours Anne ne comprend rien ;
Et sur Janot fixant un œil surpris
Accompagné d'une voix ingénue :
Que veux-tu dire & quel est ce transport ;
Moi j'étois morte ? oui, tout comme ta mere,
Tu ne l'es plus & je bénis mon sort.
S'il est ainsi, répond la bocagere,
Que l'on arrive à son heure derniere,
On est bien sot d'avoir peur de la mort.

CE QUI PLAIT AUX DAMES.

Sur l'Air du VAUDEVILLE du *Bucheron*.

(*Trop de Pétulance gâte tout.*)

Demandez ce qui plaît aux femmes ;
Voltaire dit tout uniment
Que le seul plaisir de leurs ames
Est d'avoir le commandement.
Le mot de l'énigme, Mesdames,
Voltaire ne vous l'a pas dit :
 Ce qui plaît aux Dames !
 C'est un bon...... Lit. (3 *bis.*)

Près d'un époux sexagénaire
Voyez plutôt la jeune Iris ;
Le vieux Satyre est en colere
Au moindre geste, au moindre ris ;
Pour lui l'hymen n'a plus de flammes ;
Iris va coucher de dépit ;
 Ce qui plaît aux Dames !
 C'est un bon...... Lit. (3 *bis.*)

La Prude amynthe en son ménage,
Depuis le matin jusqu'au soir,
Se fonde sur ce qu'elle est sage
Pour mettre hylas au désespoir.
Au lit c'est la perle des femmes,
Levée, ah ! quel mauvais esprit ?
 Ce qui plaît aux Dames !
 C'est un bon...... Lit. (3 *bis.*)

Clitandre un jour, sur la fougere,
Surprit Justine qui dormoit,
L'endroit étoit propre au mystere,
Et le drôle à son but alloit.
La belle alors, crainte de blâme,
S'éveille, le repousse & dit :
 Ce qui plaît aux Dames !
 C'est un bon...... Lit. (3 *bis.*)

Je crois par ma chanson, Mesdames,
Avoir prouvé, sans contredit,
Que rien n'égale dans vos ames,
Le plaisir d'avoir un bon lit ;
C'est-là qu'amour ourdit ses trames ;
Écoutez sa voix qui vous dit :
 Ce qui plaît aux Dames !
 C'est un bon...... Lit. (3 *bis.*)

CHANSON.

CHANSON

Sur l'Air : *On compteroit les diamans.*

De L****** suivant les leçons,
Je fais des chansons & des dettes;
Les premieres sont façons,
Mais les secondes sont bien faites.
C'est pour échapper à l'ennui,
Qu'un homme prudent se dérange;
Quel bien est solide aujourd'hui?
Le plus sûr est celui qu'on mange.

Eh, qui ne doit pas maintenant?
C'est la mode la plus constante,
Et le plus petit intriguant
De mille créanciers se vante.
En vain ces Messieurs sont mutins;
Jamais leur nombre ne m'effraye;
Ils ressemblent à nos catins;
Plus on en a, moins on les paye.

Le courtisan doit sa faveur
A quelque machine secrette;
La coquette doit sa fraîcheur
A quelques heures de toilette:
Tout s'emprunte jusqu'à l'esprit,
Et c'est dans ce siecle volage
Ce qu'on a le plus à crédit,
Et ce qui s'use davantage.

Mais avec un peu de gaîté,
Tout s'excuse, tout passe en France:
Dans les bras de la volupté,
Comment songer à la dépense?

Tome II. M

Vieux parens, en vain vous prêchez
Vous êtes d'ennuyeux apôtres;
Vous nous fîtes pour vos péchés,
Et vous vivez trop pour les nôtres.

VARIANTES.

Souvenez-vous de vos péchés,
Pour être indulgens sur les nôtres.

TABLE.

Accouchemens, T. I. 104, 138. T. II. 174.
Adeline Colombe, T. I. 211.
Ambassadeurs, T. II. 190, 192.
Amélie, (la Comtesse) T. II. 66.
Amour, T. II. 58, 146.
Anglois, T. I. 132, 178.
Arlequin, T. I. 194.
Arnoult, T. II. 18, 47, 115, 176, 196.
Assassinats & meurtres, T. I. 11, 26, 63, 64, 141, 176, 189, 194. T. II. 94, 200.
Audinot, T. I. 174.
Audouard, T. II. 204.
Augeard, T. II. 142.
Avarice, T. II. 70, 87.
Avocats, T. II. 91, 142.
Ballons aërostatiques, T. I. 1. T. II. 16, 21, 133, 205.
Baptême du tropique, T. II. 164.
Barré, T. II. 157.
Balbâtre, T. II. 96.
Brames (les) T. I. 248.
Brelan, T. I. 92.
Breteuil, T. II. 195.
Brouette du Vinaigrier, T. I. 102.
Beaudeau, T. II. 151.
Beaumesnil, T. I. 68.
Belles actions, Tom. I. 112, 172, 238, 245, T. II. 43, 171.
Bénéfice, T. II. 70.
Bievre (Marquis de) T. II. 134.
Biron, T. II. 47.
Blanchard, T. II. 16, 205.
Blinaye (de la) T. I. 68.
Bohémienne, T. I. 86.
Boufflers (le Chev. de) T. II. 143.
Boulainvilliers, T. II. 30.

M 2

Table.

Bonsmots, T. I. 31, 33, 19, 137, 150. T. II. 18, 46, 72, 84, 86, 94, 120, 121, 123, 124, 131, 134, 135, 137, 143, 194, 196, 208.
Bourdet, T. I. 125.
Bouret, T. II, 76.
Bourreau, T. II. 69.
Bouvard, T. II. 107.
Buffon, T. II. 207.
Cadavres, T. I. 205, 213. T. II. 94, & suiv.
Carlin, T. II. 77.
Carmer, T. II. 141.
Capucins de Cenzano, T. II. 109.
Caraccioli, T. II. 121.
Castriotto d'Albanie (Prince de) T. I. 61.
Caze, T. II. 89.
Célibat, T. II. 209.
Champcen.... (Marquis de) T. II. 175.
Chartes, aëronaute, T. I. 1.
Chateaublond (de) T. I. 151.
Chalons, T. I. 202.
Cheron, T. II. 172.
Chiri, T. II. 207.
Contrebandier, T. II. 80.
Chivry, T. II. 31.
Cluny, T. I. 181.
Cocus, T. I. 39, 114, 119, 138, 161, 170, 192, 204, 214, 227. T. II. 44, 50, 84.
Commissaire de Police, T. I. 151, 198, 229. T. II. 39.
Confession, T. I. 241.
Contrebandier, T. II. 80.
Cornuaud, T. II. 9.
Curé Italien, T. II. 209.
Crequi, T. II. 47.
Corvées, T. II. 173.
Dacier, T. II. 195.
D'Alembert, T. II. 135.
D'Ametourt, T. I. 156.
D'Auberval, T. I. 211.

Table.

D'*Auc* .... T. II. 62.
Duclos, T. I. 116.
Délation, T. I. 18. T. II. 201.
Dumoulin, T. I. 199.
De la T... D..., T. I. 207.
De Lisle, T. II. 174, 197.
D'*Epremesnil*, T. II. 156.
Déserteur, T. I. 18.
Desessarts, T. II. 56.
D'*Escars*, T. I. 172.
Deston, T. II. 152, 157, 159.
De S. Julien, T. II. 107.
D'*Huez*, T. I. 191.
Diderot, T. II. 165.
Docteurs modernes, Comédie, T. II. 152, 196.
Doyen, T. II. 120.
Du Bary, T. II. 120.
Ducis, T. II. 136.
Dufayel, 202.
Duels, T. I. 35, 62, 177, 234. T. II. 57, 89, 100, 115.
Dugazon, T. I. 40, 199.
Duhamel, T. II. 134.
Dupaty, T. II. 141.
Dupré de S. Maur, T. II. 173.
Duthé, T. I. 91.
Entrecasteaux (Président d') T. II. 179.
Epigrammes, T. I. 47. T. II. 8, 16, 47.
Espions de la police, T. I. 31.
Evêques, T. I. 121. T. II. 206.
Fanier, T. II. 56.
Faux Abbé, T. II. 1.
Faux billet, T. I. 175.
Fermel, T. I. 203.
Fête de la rosière, T. I. 16.
Fiacre, T. I. 89.
Filous & escrocs, T. I. 21, 46, 84, 86, 122, 136, 143, 231, 241, 242, 246. T. II. 32, 96, 98, 107, 145.

TABLE.

Florence, T. II. 57, 58.
Fox, T. II. 46.
Franc-maconnerie, T. II. 68, 156.
François de Neuchâteau, T. II. 164.
Franklin & *Franquelin*, T. I. 218.
Fréron, T. II. 72.
Fronzac, T. II. 48.
Fous, T. II. 202.
Gageures, T. II. 12, 100.
Galifet, T. II. 48.
Gardes du Commerce, T. I. 93.
Gagliani, T. II. 208.
Gavaudan, T. I. 190.
Gill, de Courv..., T. I. 212.
Gourmandife, T. II. 15.
Gourdan, T. II. 132.
Goût renouvellé des Grecs, T. II. 172.
Grenadiers de *Poitou* & de *Breffe*, T. II. 144.
Graham, T. I. 12.
Grandville, T. II. 19.
Guimard, T. II. 207.
Haga (Comte de) T. II. 122.
Hirondelles de Carême, 126.
Hervier, T. II. 152.
Hypocrifie, T. II. 39.
Hyver de 1783, T. II. 7, 25, 41.
Jambe caffée, T. I. 118.
Janinet, T. II. 152.
Jefferies, T. II. 205.
Joseph II, T. I. 34.
Joueurs, T. I. 46. T. II. 32, 122, 123, 124.
Incendie, T. II. 21.
Inepties, T. I. 239, 240, 257; T. II. 87.
Infanticides, T. I. 18, T. II. 166.
Infpecteurs de police, T. I. 33; T. II. 48.
Juifs, T. I. 158.
Invalide, T. II. 73.
Kirley (Ladig) 33.
Labre, T. II. 138.

TABLE.

La guerre, T. I. 247.
La Harpe, T. I. 248, T. II. 9.
Lainez, T. II. 140.
La Reyniere, T. II. 89.
La Rive, T. II. 57.
Lauraguais (Comte de) T. II. 72, 115.
Lautrec (Comte de) T. II. 97.
Le doux, T. I. 164.
Le jeune, T. II. 47.
Le Mierre, T. II. 149.
Le Voyer d'Argenson, T. II. 102.
Liguerie, T. I. 50.
Linguet, T. II. 99.
Longeau, T. II. 24.
Luzzi, T. II. 47.
*M******* (M. de) T. II. 168, 170.
Machbeth, T. II. 136.
Magnétisme animal, v. *Mesmer*.
Maladie singuliere, T. II. 209.
Marchand d'esclaves (le) T. I. 41.
Mal de dent, T. I. 125.
Marck Bouda, T. II. 160.
Mariages & Maris, T. I. 123, 124, 132, 144, 216; T. II. 12, 29, 47, 53.
Marly, T. II. 101.
Marmontel, T. II. 135.
Martal, T. II. 34.
Martiniere (de la) T. II. 203.
Maulrot, Avocat, T. I. 17.
Maz.... (La Duchesse de) T. II. 169.
Medailles, T. I. 234.
Médecins, T. I. 168.
Menand, T. I. 200.
Mesmer, T. II. 152, 157, 159, 196.
Mesoduc, T. II. 159.
Messe de Minuit, T. II. 96.
Milly (Comte de) T. II. 13.
Miolan, T. II. 152.
Mirabeau, T. II. 47.

TABLE.

Moines, T. I. 11, 46, 90, 136, T. II, 77, 78, 145.
Mont de piété, T. II. 17, 136.
Montesquieu, T. II. 51.
Monstre du Chilly, T. II. 177.
Montensier, T. I. 235.
Montgolfier, T. I. 1.
Mort vivant, T. II. 189.
Mouhy, (Chevalier de) T. I. 23.
Mauriçon, T. I. 31.
Murville, T. II. 18, 176.
Musers de la tude, T. I. 93.
Myſtifications, T. I. 23, 133, 199, T. II. 189.
Narbonne, (la Ducheſſe de) T. II. 14.
Naſſ-Sieg. (Prince de) T. II. 122.
Nicolet, T. I. 236.
Nivernois, (Euc de) T. II. 194.
Necker, T. II. 218.
North, (Lord) T. I. 34.
Noſtradamus, T. II. 109.
Oëre, (le Roi d') T. II. 161.
Palais-royal, T. II. 147, 150.
Paliſſot, T. I. 223.
Paraſite, T. II. 16.
Parvenu, T. I. 235.
Pégourié, T. II. 54.
Pendu, T. II. 114.
Perroquet, T. I. 108.
Pet, T. II. 189.
Pichaut, T. II. 203.
Piis, T. I. 39.
Pilâtre de Rozier, T. II. 205.
Pinetti, T. II. 133.
Pitt, T. II. 24, 46.
Police, T. I. 222, T. II. 51.
Polonoiſe, (robe) T. I. 197.
Pot de Chambre, voiture, T. I. 85.
Potevin, T. II. 135.
Prault, T. I. 142, T. II. 134.

Table.

Prevost, (l'rbbé) T. II. 81.
Prie, (Marquis de) T. I. 225.
Procès, T. II. 88, 116.
Prusse, T. II. 27, 194.
Protecteurs, T. II. 90.
Provincial, T. I. 217.
Psalterion, v. la Harpe, T. I. 249.
Pucelage, T. I. 145, T. II. 78.
Puysegur, T. II. 156.
Queues, T. I. 204.
Quincy, T. I. 107.
Quinola, T. I. 196.
Radet, T. II. 156.
Raccrocheuses, T. I. 153.
Ramier de la Raudiere, T. II. 126.
Richelieu, (Maréchal de) T. I. 36, 37, 39;
 T. II. 198.
Rentes viageres, T. I. 117.
Revenans, T. I. 113, 147.
Roberjos de Lastigues, T. II. 21.
Romanzow, T. II. 138.
Rosalie, T. I. 182.
Rosiere, T. I. 16.
Roués, T. I. 106, 183, 210, 211, 219, T. II. 17,
 189.
Reyniere, (de la) T. I. 110.
Sabattin, (Mad. de) T. I. 38.
Sabots élastiques, T. I. 8.
Sainte-Marie, T. I. 182.
Salm, B. II. 121.
Savalette, T. I. 102.
Scellés, T. I. 111, 152.
Scheerer, T. I. 48.
Senneville, (Mad. de) T. I. 125.
Septenville, T. I. 133.
Sewell, T. II. 12.
Soufflet, T. II. 139.
Suicide, T. I. 27, T. II. 104, 115, 126, 146, 147.
Surséance, (arrêt de) T. I. 61.

Table.

Simon, T. II. 70.
Singe, T. II. 63.
Temple de la santé, T. I. 12.
Théodore, T. I. 30, 211.
Théophile, T. I. 42.
Tude, (de la) T. I. 93.
Turgot, T. II. 135.
Valaques, T. II. 22.
Valory, (Marquise de) T. I. 17.
Vertu, T. I. 154, 184.
Vestes de petits-soupers, T. II. 163.
Vestris, T. I. 9.
Villete, (Marquis de) T. I. 1.
Vincennes, T. I. 93.
Viuiville, T. I. 199.
Vols, T. I. 66, 156, 213, 221, 244.
Voltaire, T. I. 233, T. II. 44, 217.
Voisenon, T. I. 223.
Yvrognes, T. I. 238.
Zaïre, T. I. 47.

Table des Pieces fugitives

jointes au second volume.

Requête des biens-aimées des Prélats à M. le Baron de Breteuil   Pag. 219
Chanson sur l'air : Qu'est-ce que ça me fait à moi ?   223
Les ON-DIT   226
Epigramme   237
Le Palais-royal   ibid.
Vaudeville sur l'air : Changez-moi cette tête   228
A Figaro   233
Epigramme sur les Danaïdes & le Mariage de Figaro   236

TABLE.

Chanson sur les Globes	ibid.
Epigramme	237
Sur les Ballons aërostatiques	238
La semaine couleur-de-rose	239
L'heureuse découverte, conte	ibid.
Enigme sur le monstre du Chilly	241
Vaudeville sur l'air de Richard-Cœur-de-Lyon	243
Le Petit menage	244
Le Petit souper	246
Les amans casuistes, conte	248
Mes spécifiques, chanson	249
L'origine des truffes noires, conte	252
Les Infortunes d'Abailard, romance sur l'air de Malborough	256
La peur de la mort, conte, &c.	258
Ce qui plaît aux Dames	263
Chanson sur l'air, on compteroit les diamans	265

Fin du Tome second.

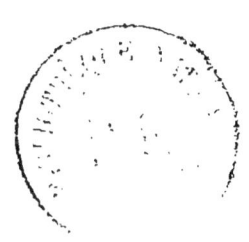

par Guillaume Imbert } 2e Edition
ex Benedictin .   }

La 1ère Edition est de 1783

www.ingramcontent.com/pod-product-compliance
Lightning Source LLC
Chambersburg PA
CBHW050651170426
43200CB00008B/1247